Acerca del nihilismo

PENSAMIENTO CONTEMPORÁNEO
Colección dirigida por Manuel Cruz

1. L. Wittgenstein, *Conferencia sobre ética*
2. J. Derrida, *La desconstrucción en las fronteras de la filosofía*
3. P.K. Feyerabend, *Límites de la ciencia*
4. J.F. Lyotard, *¿Por qué filosofar?*
5. A.C. Danto, *Historia y narración*
6. T.S. Kuhn, *¿Qué son las revoluciones científicas?*
7. M. Foucault, *Tecnologías del yo*
8. N. Luhmann, *Sociedad y sistema: la ambición de la teoría*
9. J. Rawls, *Sobre las libertades*
10. G. Vattimo, *La sociedad transparente*
11. R. Rorty, *El giro lingüístico*
12. G. Colli, *El libro de nuestra crisis*
13. K.-O. Apel, *Teoría de la verdad y ética del discurso*
14. J. Elster, *Domar la suerte*
15. H.G. Gadamer, *La actualidad de lo bello*
16. G.E.M. Anscombe, *Intención*
17. J. Habermas, *Escritos sobre moralidad y eticidad*
18. T.W. Adorno, *Actualidad de la filosofía*
19. T. Negri, *Fin de siglo*
20. D. Davidson, *Mente, mundo y acción*
21. E. Husserl, *Invitación a la fenomenología*
22. L. Wittgenstein, *Lecciones y conversaciones sobre estética, psicología y creencia religiosa*
23. R. Carnap, *Autobiografía intelectual*
24. N. Bobbio, *Igualdad y libertad*
25. G.E. Moore, *Ensayos éticos*
26. E. Levinas, *El Tiempo y el Otro*
27. W. Benjamin, *La metafísica de la juventud*
28. E. Jünger y M. Heidegger, *Acerca del nihilismo*
29. R. Dworkin, *Ética privada e igualitarismo político*
30. C. Taylor, *La ética de la autenticidad*
31. H. Putnam, *Las mil caras del realismo*
32. M. Blanchot, *El paso (no) más allá*

Acerca del nihilismo

Ernst Jünger
Sobre la línea

Martin Heidegger
Hacia la pregunta del ser

Ediciones Paidós
I.C.E. de la Universidad Autónoma de Barcelona
Barcelona - Buenos Aires - México

Título original: *Über die Linie* y *Zur Seinsfrage*

Publicado en alemán por Ernst Klett Verlag, Stuttgart, y por Vittorio Klostermann, Francfort, respectivamente

Traducción de José Luis Molinuevo

Cubierta de Mario Eskenazi

1.ª edición, 1994

Quedan rigurosamente prohibidas, sin la autorización escrita de los titulares del "Copyright", bajo las sanciones establecidas en las leyes, la reproducción total o parcial de esta obra por cualquier método o procedimiento, comprendidos la reprografía y el tratamiento informático, y la distribución de ejemplares de ella mediante alquiler o préstamo públicos.

© Ernst Klett Verlag, Sttutgart, y
© 1956, 1977 Vittorio Klostermann, Francfort
© de todas las ediciones en castellano,
    Ediciones Paidós Ibérica, S.A.,
    Mariano Cubí, 92 - 08021 Barcelona
    y Editorial Paidós, SAICF,
    Defensa, 599 - Buenos Aires

ISBN: 84-7509-493-0029-0
Depósito legal: B-22.886/1994

Impreso en Novagràfik, S.L.,
Puigcerdà, 127 - 08019 Barcelona

Impreso en España - Printed in Spain

SUMARIO

Nota del editor 9

Sobre la línea (ERNST JÜNGER) 11

1. La valoración del nihilismo en Nietzsche 15
2. Y en Dostoievski 16
3. Su enjuiciamiento optimista. 18
4. Y pesimista. 19
5. Diagnósticos del nihilismo 22
6. Rodean la Nada en los predios. 25
7. La relación del nihilismo con el caos y la anarquía 26
8. Con la enfermedad 31
9. Que no es típica de él 35
10. Como tampoco el crimen 37
11. El nihilismo como estado de desvanecimiento 39
12. Y de encantamiento. 40
13. Él reduce a cifras y recursos cuantificables. 42
14. El nihilismo se aproxima a las últimas metas. 45
15. En su anatema hay modos de comportamiento, no remedios 48

16. Dentro del cambio la pregunta por los valores fundamentales sólo puede ser planteada en la línea, el meridiano cero   49
17. Comportamiento respecto a las Iglesias   52
18. Y el Leviatán   56
19. Organización y seguridad   59
20. Oasis en el desierto   61
21. Pensadores y poetas de esta época . . .   66
22. El poder judicial de la persona singular   69

Hacia la pregunta del Ser (MARTIN HEIDEGGER)   71

NOTA DEL EDITOR

Por expresa indicación de los herederos de Martin Heidegger, el presente volumen aparece —con carácter excepcional dentro de la colección «Pensamiento Contemporáneo»— sin introducción ni ningún género de notas.

El texto de Jünger *Über die Linie* ha sido traducido de la edición alemana, *Sämtliche Werke*, Band VII, Kett-Cotta, Stuttgart, 1980, págs. 237-280. El texto de Heidegger *Zur Seinsfrage* lo ha sido de la *Gesamtausgabe*, Band IX, *Wegmarken*, Klostermann, Frankfurt a. M., 1976, págs. 385-426. La paginación original se indica al margen. Hay otras ediciones de ambos textos, pero, por el motivo mencionado al principio, no se ofrecen las variantes de las mismas.

Ernst Jünger
SOBRE LA LÍNEA

*A Martin Heidegger
en su 60 cumpleaños*

1

En las frases introductorias de *La voluntad de poder*, Nietzsche se caracteriza como «el primer nihilista pleno de Europa, pero que ya ha vivido en sí el nihilismo mismo hasta el fin —que le tiene detrás de sí, bajo sí, fuera de sí».

Inmediatamente después viene la observación de que, en su trabajo, se anuncia ya un contramovimiento, que «en algún futuro» reemplazará a aquel nihilismo pleno, aun cuando lo presuponga como necesario.

A pesar de que han transcurrido más de sesenta años desde la concepción de estos pensamientos, nos siguen estimulando todavía, como proposiciones que tienen que ver con nuestro destino. Entretanto, se llenaron de contenido, de vida vivida, de hechos y dolores. La aventura espiritual se confirmó y se repitió en la realidad.

Si, desde la posición que hemos alcanzado, volvemos la vista hacia aquella afirmación, parece expresarse en ella un optimismo que falta a posteriores observadores. Es decir, el nihilismo no es considerado como un final sino, más bien, como fase de un proceso espiritual que lo abarca, de un modo como no sólo no fue capaz la cultura en su transcurso histórico de superar y sobrellevar en sí o quizá de recubrir como una cicatriz, sino tampoco la persona singular [*Einzelne*] en su existencia personal.

Como ya se ha dicho, el pronóstico favorable no es compartido por observadores posteriores. La cercanía hace más patente el macizo sólo en las particularidades, no en el conjunto. A ello se añade que, dentro del pleno desarrollo del nihilismo activo, lo superficial en la decadencia se incrementa demasiado como para dejar todavía espacio a consideraciones que lleven más allá del mundo del horror. El fuego, el terror, las pasiones, dominan aunque sólo durante un rato. Sin duda, el espíritu no es capaz de consumar *la* penetración en el ámbito de destierro de la catástro // fe; apenas hay tampoco consuelo en ella. En el instante en que se derrumbaban los palacios de Troya, ¿qué podría decirles a los troyanos que Eneas fundaría un nuevo reino? La mirada puede, más acá y más allá de las catástrofes, dirigirse al futuro y puede pensar en los caminos que conducen allí —pero en sus remolinos gobierna el presente.

2

Dostoievski había acabado veinte años antes la redacción del *Raskolnikov*, que publicó en 1886 en el *Mensajero ruso*. Hace tiempo que, con razón, se ha visto a esa obra como la otra gran fuente para el conocimiento del nihilismo. El objeto de examen es exactamente el mismo que en *La voluntad de poder* pero, sin embargo, es diferente la perspectiva de la observación. El ojo del alemán se fija en la dimensión espiritual-constructiva, y un sentimiento de audacia, de aventura superior, acompaña su mirada. Por el contrario, al ruso le preocupan los contenidos morales y teológicos. Nietzsche le cita de pasada y pudo haber conocido sólo partes de su obra, de la que le cautivaba sobre todo la maestría psicológica, es decir, artesanal.

De modo diferente los dos autores fueron puestos en relación comparativa con Napoleón. Esto ha tenido lugar de la manera más seria en un notable trabajo de Walter Schubart. La comparación es obvia, pues tanto en *La voluntad de poder* como en el *Raskolnikov* la referencia a Napoleón juega un papel importante. El gran individuo, liberado de las últimas ataduras del siglo XVIII, es percibido aquí en su lado luminoso, y allí en su lado oscuro; aquí en el goce del nuevo poder, que mana con fluidez, y allí en el sufrimiento, que está unido inseparablemente a ese poder. Los dos procedimientos se complementan —como la copia positiva y negativa—, en la representación de la realidad espiritual.

Puede interpretarse como rasgo favorable el que los dos // autores estén de acuerdo en el pronóstico. Éste es también optimista en Dostoievski; no ve el nihilismo como la fase última, mortal. Más bien, lo tiene por curable y como curable precisamente por el dolor. El destino de Raskolnikov da modélicamente el avance del gran cambio en el que están implicados millones. Se tiene también aquí la impresión de que el nihilismo es comprendido como fase necesaria dentro de un movimiento dirigido a metas determinadas.

3

La pregunta sobre qué punto ha alcanzado el movimiento entretanto se impone por eso de modo inmediato en cada análisis de la situación, en todos los diálogos y monólogos que se ocupan del futuro. Sin duda, la respuesta, como quiera que se formule o como quiera que se cimente, será siempre discutible. La razón estriba en que depende menos del estado de cosas que en general del temple y de las expectativas vitales. Eso la hace de nuevo interesante de otra manera y más apremiante.

El optimismo o pesimismo de semejante respuesta trepa ciertamente alrededor de pruebas, pero no se funda en ellas. Se trata de diferentes categorías; la profundidad confiere fuerza de convicción al optimismo y la claridad a la prueba. El optimismo puede alcanzar estratos en los que el futuro dormita y es fecundado. En ese caso se le encuentra como un saber que alcanza más profundamente que la fuerza de los hechos —que incluso puede producir hechos—. Su centro de gravedad reside más en el carácter que en el mundo. Hay que apreciar en sí un optimismo así fundado, en la medida en que tiene que infundir en su detentador la voluntad, la esperanza y también la perspectiva, de permanecer firme en el cambio de la historia y sus peligros. Va mucho en ello. //

4

No hay que ver al pesimismo como contradictorio respecto a este optimismo. La catástrofe está rodeada de corrientes pesimistas, en particular de corrientes pesimistas culturales. El pesimismo puede manifestarse (como en Burckhardt) como aversión a lo que se ve venir, y entonces se vuelven los ojos a imágenes más bellas, aunque pasadas. Entonces hay conversiones repentinas al optimismo, y como en Bernanos, la luz resplandece cuando se ha vuelto completamente oscuro. La absoluta superioridad del enemigo se vuelve precisamente en contra de él. En fin, existe el pesimismo, que aunque sabe que el nivel bajó, también cree posible la grandeza sobre la nueva superficie y, en particular, concede valor a la perseverancia, a mantener el puesto perdido. En eso radica el mérito de Spengler.

Lo contrario del optimismo es el derrotismo, que hoy está asombrosamente extendido. Ya no se tiene nada que oponer a lo que se ve llegar, ni en valores ni en fuerza interior. En ese temple de ánimo el pánico no encuentra ninguna resistencia; se extiende como un torbellino. La maldad del enemigo, lo horroroso de los medios, parece aumentar en la misma medida en que crece la debilidad en el hombre. En último término, le rodea el terror como un [su] elemento. En esa situación, le desmoraliza el rumor nihilista, le prepara para la caída. El miedo le agarra con avidez, engrosándolo de manera desmesurada, lo horroroso va constantemente de cacería tras él.

«¿Has vuelto a oír alguna nueva crueldad de Holofernes?», pregunta un ciudadano a otro como saludo en el *Judith* de Hebbel. En general, la pieza acierta espléndidamente con el temple de ánimo del rumor nihilista que se fija en figuras de horror, como Nabucodonosor y sus métodos. Se dice de Holofernes que cree ser clemente al bastarle las brasas de una y la misma ciudad para limpiar la espada y preparar la cena. «¡Es una suerte que los muros y // puertas no tengan ojos! Se derrumbarían de miedo, si pudieran ver la crueldad.»

Pues eso exige la *hybris* de los tiranos. Para todos los poderes que quieren propagar el horror, el rumor nihilista representa el medio más fuerte de propaganda. Esto no es menos válido para el terror, tanto hacia dentro, como también para el que está dirigido hacia fuera. Al primero le importa ante todo proclamar la supremacía de la sociedad frente a la persona singular. Debe presentarse antes moralmente a la conciencia, «¡El pueblo es todo, tú no eres nada!», y al mismo tiempo estar siempre presente al espíritu como amenaza psíquica, como cercanía espacial y temporal sin lagunas del expolio y de la liquidación. En esa situación, el miedo consigue mucho más todavía que la violencia; los rumores son más valiosos que los hechos. Lo indeterminado resulta más amenazante. Por esa razón se prefiere esconder el aparato del horror, y sus moradas se trasladan a los yermos.

Con el terror exterior se amenazan mutuamente los Estados; les importa el efecto de la Gorgona, aquel centelleo funesto que irradian las armas, cuando se las muestra de lejos, incluso cuando sólo se las deja entrever. También aquí se cuenta con el miedo, que debe alcanzar visiones apocalípticas. Quisiera hacerse creer al adversario que uno es capaz de provocar el fin del mundo. Como primer ejemplo puede servir la propaganda que precedió al lanzamiento de las bombas volantes sobre Inglaterra, y que se asemejaba al oscuro anuncio de una catástrofe cósmica.

Entretanto se han reforzado los métodos, tanto en alcance como en refinamiento. Deben mostrar que se posee una potencia ilimitada y que no se vacilará en desencadenarla en la guerra. En esa rivalidad se persigue el emparejamiento de la supremacía física e ideológica, que debe resplandecer sobre las fronteras, aun cuando no haya acciones en curso. Tampoco son de // seadas; en tal circunstancia pueden asemejarse las guerras a accidentes de tráfico de máxima gravedad, que todos se esfuerzan por evitar. Al contrario, pueden darse casos en los que una de las partes no se muestre a la altura de la tensión, y que sin emplear exteriormente la violencia, se rompa en su estructura. A ese resultado contribuyen especialmente aquellas fases que se han denominado como guerra de nervios. Semejante desmoronamiento, —como, por ejemplo, lo ha descrito Sartre en *Le sursis*—, presupondrá siempre una suma de desmoronamientos singulares. El Estado se queda vacío no sólo en sus guías sino sobre todo en sus estratos anónimos. La persona singular es atraída y sucumbe a la seducción de la tensión nihilista. Por eso es realmente importante el averiguar qué comportamiento puede serle recomendado en esa tribulación. Pues su interior es el auténtico foro de este mundo, y su decisión es más importante que la de los dictadores y tiranos. Es su presupuesto.

5

Pero antes de dedicarnos a esa tarea, será oportuno hacer algunas advertencias preliminares como diagnóstico. El concepto de nihilismo no sólo se cuenta hoy entre los conceptos confusos y discutidos. También es empleado de modo polémico. Sin embargo, hay que presentir el nihilismo como gran destino, como poder fundamental, a cuyo influjo nadie puede sustraerse.

A ese carácter del nihilismo, ya examinado, está estrechamente unido el que el contacto con el Absoluto se ha vuelto imposible, si se quiere prescindir de víctimas. Aquí no hay santos. Tampoco existe la obra de arte total. Igualmente tampoco se encuentra ningún orden superior de pensar, aunque no falten planes; falta la aparición principesca del hombre. También en lo moral se reconoce aquella provisionalidad que denominamos en *El trabajador* como el «carácter de taller». Moralmente dependemos ya sea de un pasado o bien de un devenir todavía invisible. En eso radica el conflicto y, en particular, la confusión de la terminología jurídica.

Una buena definición del nihilismo sería comparable al descubrimiento del agente cancerígeno. No significaría la curación, pero sí su condición, en la medida en que generalmente los hombres colaboran en ello. Se trata ciertamente de un proceso que supera ampliamente a la historia.

Consultando a los dos maestros, citados al principio, encontramos en Nietzsche la tesis de que el nihilismo expresa la devaluación de los supremos valores. Lo llama como estado, normal, en cuanto estado intermedio, patológico —y esa es una buena distinción, que indica que uno puede comportarse en él adecuadamente, en lo que se refiere a su actualidad—. Éste no es el caso respecto al pasado y al futuro; aquí se impone lo sin sentido y sin esperanza. La decadencia de los valores es ante todo la decadencia de los valores cristianos; se corresponde con la incapacidad de producir tipos más elevados o incluso de concebirlos, y desemboca en el pesimismo. Éste se desarrolla en el nihilismo, en la medida en que la jerarquía, que de modo inmediato causó el desengaño, es vista con odio y rechazada. Sólo permanecen los valores orientadores, y por tanto críticos: los débiles se quiebran en ello, los más fuertes destruyen lo que no se quiebra, y los fortísimos superan los valores orientadores y siguen adelante. El nihilismo puede ser tanto una señal de debilidad como de fuerza. Es una expresión de la inutilidad del otro mundo, pero no del mundo y de la existencia en general. El gran crecimiento lleva consigo un desmoronamiento y perecer increíbles, y, bajo este aspecto, la aparición del nihilismo puede ser, como forma extrema del pesimismo, una señal favorable.

En Dostoievski el nihilismo actúa en el aislamiento de la persona singular, en su salida de la comunidad, que es en lo esencial ayuntamiento. El nihilismo activo se prepara como una erupción, como por ejemplo en las semanas que Raskolnikov pasa solo en su cámara mortuoria. // Conduce a un acrecentamiento de poder físico y psíquico a costa de la salud. Puede desembocar en un final horrible, como se describe en *El idiota*, a propósito del destino del estudiante Hipólito. Puede acabar también en suicidio, como sucede en el caso de Ssmerdjakov en los *Karamazov*, de Stawrogin en los *Demonios* o de Sswidrigailov en *Crimen y castigo* o como es de temer en el caso de Iwan Karamasov y muchos otros. En el mejor de los casos conducirá a la salvación, después de que se haya cumplido el reingreso en la comunidad por el reconocimiento público de la culpa. A través de la purificación en el infierno o en la «casa de los muertos» puede entonces alcanzarse un nivel superior al que había antes de la entrada en el nihilismo.

No se debe ignorar que hay un parentesco entre las dos concepciones. Progresan en tres fases análogas: de la duda al pesimismo, de ahí a acciones en el espacio sin dioses y valores y después a nuevos cometidos. Esto permite muy bien concluir que ven una y la misma realidad, si bien desde puntos muy alejados.

6

La dificultad de definir el nihilismo estriba en que es imposible que el espíritu pueda alcanzar una representación de la Nada. Se acerca a la zona en la que tanto la intuición como el conocimiento desaparecen: los dos grandes medios de los cuales depende. Uno no se hace de la Nada ni imagen ni concepto.

Por esto, también se pone el nihilismo sólo en relación con la periferia, con las tierras de nadie de la Nada, y nunca con el poder fundamental mismo. Del mismo modo que se puede experimentar el morir, pero no la muerte. Según esto, es también pensable el contacto inmediato con la Nada, pero entonces la consecuencia tiene que ser la aniquilación repentina, como si saltara una chispa del absoluto. A menudo, como es el caso de Malraux y Bernanos, se la describe en relación con el // suicidio abrupto. Existe una certeza de que la existencia se ha vuelto imposible —y entonces no tiene sentido que continúe el latido del corazón, la circulación de la sangre y la secreción de los riñones, como tampoco el tic-tac de un reloj en un cadáver—. Pues entonces la consecuencia sería una horrible putrefacción. Stawrogin lo prevé para su estancia en Suiza y elige la soga. Presiente ya los peligros que están unidos a la conservación de la mera seguridad.

No sólo se describen literariamente las particularidades de la aniquilación, sino que también se exponen. El artista elige la descomposición no sólo como tema, sino que se identifica con ella. Invade su lenguaje, sus colores. Es la diferencia entre la literatura de la pura náusea y el naturalismo, en el que, a pesar de todos los objetos odiosos, todavía domina el optimismo.

7

Para recibir una representación del nihilismo, harán bien en recortar de inmediato fenómenos que aparecen en su compañía o como consecuencia, y que por ello están entremezclados con él de buen grado. Ante todo, son también los que dan a la palabra el sentido polémico. Entre ellos se cuentan los tres grandes ámbitos de lo enfermo, lo malo y lo caótico.

Comenzando con el tercero: hoy no nos cuesta mucho, después de legítimas experiencias, distinguir entre lo nihilista y lo caótico. Sin embargo, es importante, pues hay una decisión entre el caos y la Nada.

Entretanto, se ha demostrado que el nihilismo puede armonizar perfectamente con amplios sistemas de orden, y que incluso esto es la regla, allí donde es activo y desarrolla poder. El orden es para él un substrato favorable; lo transforma para sus fines. Únicamente se presupone que el orden sea abstracto y, por tanto, espiritual —a ello pertenece en primera línea el Estado bien desarrollado, con sus empleados // y aparatos, y esto sobre todo en fechas en que las ideas directrices se han extraviado con su *nomos* y su *ethos*, o han caído, aunque quizás en la superficie sigan viviendo con la máxima visibilidad—. En ellas, sólo se presta atención a lo que hay que actualizar, y a ese estado corresponde una especie de escritura periodística de la historia.

Muy estrechamente unido a este término, en que el Estado se convierte en objeto nihilista, está la aparición de partidos de masas de las grandes ciudades, que proceden tan racional como apasionadamente. En caso de éxito pueden ser tan semejantes al Estado que sería difícil distinguir entre los dos. El poder vencedor en la guerra civil forma órganos, que corresponden a los del Estado, ya sea por infiltración o por absorción. Finalmente se llega a simbiosis.

Del mismo modo, se puede observar en los

ejércitos que son tanto más idóneos para la acción nihilista cuanto más desaparece de ellos el viejo *nomos*, entendido como tradición. En igual medida tiene que crecer el puro carácter de orden e instrumental y con ello la posibilidad de servirse del ejército a su capricho por parte de aquel que tiene en su mano el resorte.

Puesto que los ejércitos esconden siempre dentro de sí elementos arcaicos, el desarrollo será menos espectacular allí donde sirven como medios del cambio. Incluso allí donde hacen acto de presencia como sujeto político, y por tanto están representados por generales, las perspectivas de éxito son menos favorables que allí donde partidos de masas hacen avanzar las cosas. La tendencia a incorporar al movimiento demasiadas personalidades y valores viejos amenaza la acción en su nivel nihilista. Podría plantearse la máxima de que, en semejante situación, un general tiene que ser, como César, plenamente superior o absolutamente insignificante.

Ante todo, el orden técnico es apropiado para cualquier traslado y subordinación arbitrarios, aunque precisamente por esa subordinación cambia las fuerzas de las que se sirve, al convertirlas en trabajadores. Aparenta la // medida necesaria del vacío que puede darse a todo contenido. Esto vale también para las organizaciones que se fijan a él: federaciones, consorcios, seguros sociales, sindicatos y otros. Están todos preparados para el funcionamiento puro, cuyo ideal se manifiesta en que se necesita sólo «apretar el botón» o «conectar». Por eso se acomodan también sin transición a fuerzas aparentemente opuestas. El marxismo vio temprano ya un medio favorable en la construcción de los *trust* y monopolios capitalistas. Los ejércitos ganan con automatismo creciente una perfección de insecto. Siguen luchando en posiciones cuyo mantenimiento el arte de la guerra de viejo estilo consideraría como un crimen. Entonces el vencedor recluta de entre ellos tropas bajo nuevas banderas. A decir verdad, la confianza no es muy importante, por ello se refina la coacción hasta convertirse en ciencia.

De modo enteramente semejante se ve al hombre singular sucumbir al ataque de poderes arbitrarios tanto más pronto cuanto más elementos de orden le colman. Se conocen los reproches que se han alzado contra los empleados, los jueces, los generales, los enseñantes. Se dirigen contra un espectáculo que volverá siempre tan pronto como se trate de revoluciones. No se pueden transformar los estamentos en puras funciones y esperar con ello que se conserve su *ethos*. La virtud del funcionario consiste en que funciona, y esto es bueno, si uno no se hace ilusiones sobre ello incluso en tiempos tranquilos.

Esto podría bastar para indicar que efectivamente el nihilismo puede armonizar con ordenamientos mundiales extendidos, e incluso que depende de ellos para seguir activo a gran escala. El caos se hace visible sólo cuando fracasa en una de sus constelaciones. Incluso dentro de las catástrofes es instructivo el ver cuán lejos acompañan, casi hasta el final, los elementos de orden. Esto muestra perfectamente que al nihilismo no sólo le gusta el orden, sino que pertenece a su estilo.

Como máximo es pues el caos una consecuencia del nihilis//mo y en absoluto la peor. Lo decisivo sigue siendo en qué medida la auténtica anarquía está escondida en el caos y por tanto es fecundidad no ordenada. Se buscará en la persona singular y no en los escombros en los que se quiebra el Estado. Las máximas dirigidas en el *Zaratustra* contra el «Estado de dragones» y en particular la idea del eterno retorno son indicaciones claras de que en Nietzsche el nihilismo no ha penetrado profundamente. El anarquista tendrá a menudo un comportamiento para con la plenitud y la bondad y en sus mejores tipos se asemejará antes al primero que al último hombre; también se dirigirá a él inmediatamente el nihilista como enemigo, allí donde llega al dominio. En la guerra civil española hubo también un grupo anarquista, que fue perseguido por igual por rojos y blancos.

Como diferencia entre caos y anarquía está aquí comprendida la del desorden: en lo deshabitado y en lo vivo. Desierto y bosque virgen serían formas. En ese sentido el caos no es necesario para los nihilistas; no depende de ningún lugar. Todavía menos le agrada la anarquía. Estorbaría el riguroso trayecto en el que se mueve. Esto vale también para la borrachera. Incluso en los sitios en los que el nihilismo muestra sus rasgos más inhóspitos, como en los grandes parajes físicos de aniquilación, domina la sobriedad, higiene y orden riguroso hasta el final.

8

Hay que recibir igualmente con precaución la opinión de que el nihilismo es una enfermedad. Antes bien, se encontrará con un poco de atención que la salud física está unida a él —ante todo allí donde se empuja con fuerza. Esto será distinto con el nihilismo pasivo. En esto consiste el doble juego de creciente susceptibilidad y de acciones poderosamente crecientes, que mueve // nuestro tiempo. Primariamente no puede sostenerse que el nihilismo consista en la enfermedad, incluso en la *décadence*, aunque los dos ciertamente pueden encontrarse en la abundancia.

En el enorme esfuerzo de voluntad y de trabajo que se exige a sí mismo el nihilista activo, en su desprecio de la piedad y del dolor, en el cambio de temperaturas superiores e inferiores, a las que se expone, y en la adoración del cuerpo y sus fuerzas de aquende, que generalmente se encuentran en él, es de suponer que le ha sido deparada una buena salud. Y de hecho se comprueba que está completamente a la altura del esfuerzo que se exige a sí mismo y a los demás. En ello no es desemejante al jacobino, al que puede considerarse como uno de sus predecesores.

Lo peculiar es, sin duda, que semejantes cíclopes y titanes salen de un mundo en el que la prudencia ha crecido extraordinariamente y en el que incluso se quiere evitar el cabestrante. En medio de los lugares de prosperidad, con sus seguros, seguridades sociales, de asistencia y anestesista, se ve aflorar a tipos cuya piel se ha curtido en cuero y cuyo esqueleto parece vaciado en hierro. Pudiera haber figuras complementarias en el sentido de la teoría de los colores. La neurastenia general lo exige. Se pregunta por sus escuelas, por sus modelos. Serán realmente distintos.

En primer lugar hay que reconocer los de la guerra civil —la vida de los nihilistas políticos y revolucionarios sociales, las prisiones y presidios, Siberia. A ello pertenecen como imágenes reflejadas en el espejo, también los desposeídos, deshonrados, envilecidos, los evadidos a las oleadas de terror, limpieza y liquidación. Se ve triunfar aquí a los unos y allí a los otros, o también, como en España, equilibrarse mutuamente durante largo tiempo. Lo común a tales encuentros es que son enteramente desalmados. El enemigo ya no es visto como hombre, está fuera de la ley.

La otra fuente la constituyen las guerras de material de la primera guerra mundial. Ellas produjeron el hombre forjado a martillo // y, con él, un nuevo estilo de actuar y una serie de movimientos propios del frente, respecto a los cuales estaba perpleja la política tradicional. Es de prever que la segunda guerra mundial mostrará, especialmente en Alemania y Rusia, configuraciones semejantes. En la experiencia y el conocimiento de aquellos años en el Este, incluido el destino del prisionero, se esconde un capital de dolor todavía inexplorado, la auténtica salvaguardia de nuestra época.

Finalmente, es importante en este contexto aquel carácter especial del trabajo que se designa como deporte. En él no sólo es visible el intento por hacer normal un grado superior de salud física, sino también de ir en los récords hasta los límites del esfuerzo posible, e incluso de ir más allá. En el alpinismo, en el vuelo, en el salto del trampolín hay exigencias que superan lo humano y cuyo dominio exige un automatismo al que precede la mortificación. Semejantes récords suprimen de nuevo la norma. El procedimiento es transferido a los talleres; él produce aquellos héroes del trabajo que superan veinte veces el trabajo de un explotado de 1913.

Visto desde ese lado no se puede achacar a la enfermedad, *décadence* o *morbidezza*. Más bien, se ve aparecer hombres que marcan el paso semejantes a máquinas de hierro, sin sentimientos, incluso allí donde la catástrofe les hace pedazos. Sin duda, sigue siendo sumamente raro el espectáculo en el que se tocan corrientes activas y pasivas, mientras que el plancton cae al suelo y suben tiburones —aquí el más tierno impresionismo, allí acciones explosivas, aquí comprensión sutil y dolorosa, allí voluntad y desarrollo de poder en exceso.

Todo ello ocurre también literariamente, incluso inmediatamente de manera literaria y, por cierto, de modo más unitario y claro de lo que supone el coetáneo. El gran tema es desde hace cien años el nihilismo, tanto si se expone como pasivo o como activo. En eso no tiene nada que ver con el valor //, si debilidades o fuerza dan las luces a la obra: son variantes en uno y el mismo juego. Sin embargo, hay mucho en común en autores tan diferentes como Verlain, Proust, Trakl, Rilke, e igualmente en Lautréamont, Nietzsche, Rimbaud, Barrès. Por eso, la obra de Joseph Conrad es extraña, porque se equilibran en ella resignación y acción y están estrechamente unidas. Pero hay dolor tanto aquí como allí, y también valor. El gran cambio consiste en que la aniquilación es percibida de modo inmediato a través del sufrimiento. Esto produce a menudo una última belleza, como en los bosques también la helada, una finura que no se da en las épocas clásicas. Entonces se trastoca el tema en resistencia; se plantea la pregunta sobre cómo puede sostenerse el hombre frente a la aniquilación en la resaca nihilista. Éste es el giro en el que estamos metidos; es la demanda de nuestra literatura. Esto puede documentarse con numerosos nombres —seleccionando algunos, como los de Wolfe, Faulkner, Malraux, T.E. Lawrence, René Quinton, Bernanos, Hemingway, Saint-Exupéry, Kafka, Spengler, Benn, Montherlant y Graham Greene. A todos ellos es común lo experimental, lo provisional de la actitud y el conocimiento de la situación peligrosa, de la gran amenaza; esto son dos datos que más allá de lenguas, pueblos e imperios determinan el estilo— pues de que algo semejante exista y no sólo viva en la técnica no puede haber ninguna duda.

Añádase aún el que, a la plena comprensión de una época, le pertenece el conocimiento de sus alas más extremas, en este caso, pues, tanto del encuentro pasivo como del activo con la Nada. En esa doble intervención consiste la influencia que Nietzsche ha conseguido sobre los espíritus. //

9

Esto en lo que se refiere a la persona singular, en lo que concierne a la salud. ¿Debe ser distinto en los pueblos y razas? Hay que responder negativamente a la pregunta, pues no podrá afirmarse que el nihilismo sea sólo propio de pueblos antiguos. Vive en estos una especie de escepticismo, que más bien les hace inmunes. En linajes jóvenes y recientes se impondrá, una vez aceptado, mucho más fuertemente. Atrapa más poderosamente al mundo primitivo, no separado, no cultivado, que al dotado con historia, con tradición y con capacidad crítica. Tales ámbitos son también más difíciles de automatizar. Por el contrario, las fuerzas primitivas abren brecha en lo injertado. Por eso se topa precisamente allí con una clase de fervor, del cual no sólo es presa la técnica de las máquinas, sino también la teoría nihilista. Se convierte en sustituto de la religión. Las teorías de los profesores del siglo XIX se convierten en sacrosantas. Por motivos de seguridad se recomienda a los viajeros de hoy, conocer el estado hasta el cual ha avanzado en los distintos países la ilustración o en el que ésta persiste.

Si se tiene oportunidad de observar de cerca un gremio nihilista —no se necesita en absoluto pensar en un grupo de *dinamiteros* o una «unidad de la calavera», sino quizá en una asamblea de médicos, técnicos o economistas, que se ocupan de cuestiones pertinentes—, entonces se podrán ciertamente hacer algunas observaciones, pero no la de un especial estado enfermizo.

Es cierto que aumenta también la enfermedad. A ello apunta ya la infinidad de médicos. Hay una medicina nihilista, cuya característica consiste en que no quiere curar, sino que persigue otros fines, y esa escuela se extiende. A ella le corresponde un paciente que quiere persistir en la enfermedad. Por otro lado, puede hablarse de una salud especial que pertenece al círculo de los fenómenos nihilistas, de una frescura propagandística // que despierta una fuerte impresión de desenvoltura física. Se la encuentra en las capas privilegiadas, así como en fases de conyuntura económica que están unidas con el confort.

Nietzsche tiene razón en que el nihilismo es un estado normal y sólo patológico si se le compara con valores que ya no son, o todavía no son, válidos. En cuanto estado normal comprende lo sano y lo enfermo a su peculiar modo. En otro lugar Nietzsche emplea la imagen del viento tibio que es causante de que allí donde todavía se puede ir a su tiempo, enseguida nadie podrá ir ya. La imagen es buena; el nihilismo recuerda en su violencia destructora y de gran porvenir a un viento cálido que viene de la montaña. Totalmente semejante es también la acción sobre los sistemas —los unos se entumecen, los otros se vuelven activos en su bienestar y su espiritualidad—. Es sabido que en algunos países se valoran más benignamente delitos si han sido cometidos con el viento cálido.

10

Esto nos lleva a la tercera distinción, esto es, aquella que se encuentra entre el nihilismo y el mal. El mal no necesita aparecer en él —especialmente no allí donde hay seguridad—. Se hermana con lo caótico allí donde las cosas se aproximan a la catástrofe. Aparece pues como circunstancia concomitante, como en los incendios de teatros o los hundimientos de barcos.

Por otra parte, pueden distinguirse proyectos y programas de acciones nihilistas por la buena intención y filantropía. A menudo siguen como contragolpe a los primeros desórdenes, con tendencia salvadora, y, sin embargo, los procesos urdidos prosiguen, agudizándolos. Esto lleva pues a que, en amplios tramos, derecho e injusticia casi sean indistinguibles, y precisamente más para los agentes que para los pacientes.

256 Incluso en las grandes fechorías el mal apenas aparece como // móvil; tendría pues que venir un malvado que se aprovechara del proceder nihilista. Semejantes naturalezas traen más bien trastornos materiales. La indiferencia parece lo más apropiado. El que hombres con historial criminal se vuelvan peligrosos es menos preocupante que tipos que uno ve en cada esquina de la calle y detrás de cada ventanilla entren en el automatismo moral. Eso apunta a bajada de clima. Cuando mejora el tiempo se ve que los mismos existentes regresan pacíficamente al lugar acostumbrado. El nihilista no es un criminal en sentido tradicional, pues para ello tendría que haber todavía un orden válido. Pero por el mismo motivo el crimen tampoco juega ningún papel para él; se trasvasa del contexto moral al automático. Allí donde el nihilismo se convierte en estado normal, a la persona singular le queda todavía la elección entre tipos de injusticia. Los valores orientadores no pueden venir sin embargo de lugares en los cuales todavía no se está inserto en el proceso. La nueva marea alta subirá más bien de los sitios profundos.

Si el nihilismo se dejara abordar como algo específicamente malo, entonces el diagnóstico sería más favorable. Contra el mal hay remedios preparados. Más inquietante es la mezcolanza, incluso la plena difuminación del bien y del mal, que a menudo se sustrae al ojo más perspicaz.

11

Lo que esta época encierra como máxima esperanza permanece intocado. Si la palabra de Hölderlin es verdad, entonces tiene que surgir poderosamente lo que salva. A su primer rayo palidece lo sin sentido.

Pero nos atenazan aquí los efectos del giro que, desapercibido para las masas, les ha precedido. Se encuentran aquí tal vez señales para el uso práctico en medio de las corrientes nihilistas. Se trata, por tanto, de descripciones de síntomas y no de causas.

En esos síntomas llama la atención a primera vista // una característica principal, que puede denominarse como la reducción. Por su esencia el mundo nihilista es reducido y se reduce cada vez más, como corresponde necesariamente al movimiento hacia el punto cero. El sentimiento fundamental que domina en él es el de la reducción y el de ser reducido. Por el contrario, ya no hay lugar para el romanticismo, y sólo produce un eco de la realidad desaparecida. La abundancia se agota; el hombre se siente explotado en múltiples relaciones y no sólo económicas.

La reducción puede ser espacial, espiritual, anímica; puede tocar lo bello, el bien, lo verdadero, la economía, la salud, la política —sólo que en resumidas cuentas siempre será percibida como desaparición—. Eso no excluye el que, en amplios tramos, esté unida al creciente despliegue de poder y fuerza de penetración. Esto lo vemos ante todo en la simplificación de la teoría científica. Extirpa las alineaciones, bajo renuncia a las dimensiones. Esto conduce a sorites como, por ejemplo, puede bien estudiarse en el darwinismo. También es característica del pensamiento nihilista la inclinación a referir el mundo con sus tendencias plurales y complicadas a un denominador. El ataque aturde, aunque sólo durante un rato. Se vuelve sabio, pues su dialéctica expone el mejor medio de desmantelar al adversario, quien no tiene reservas. Pero entonces el atacado adopta también la metodología. En eso se funda el rasante espiritual de la reacción. El medio puede ser ineludible en ciertas fases del desarrollo nihilista; en el fondo sigue siendo una señal de la reducción.

12

Entre esas señales se cuenta además la desaparición de lo maravilloso, y con él se volatilizan no sólo las formas de la veneración, sino también del asombro como fuente de // la ciencia. Lo que en semejante estado se llama admiración y extrañeza es, sobre todo, la impresión de las cifras en el mundo espacial y de los números. Lo inconmensurable aparecerá, pues, en cada dirección —forma la correspondencia para con las ciencias exactas y finalmente reducidas al puro arte de medir—. El vértigo ante el abismo cósmico es un aspecto nihilista. Puede llegar a lo sublime, como en *Eureka* de E.A. Poe, pero siempre estará unido a él un miedo especial y referido a la Nada.

Ya ha destacado Léon Bloy la estrecha correspondencia entre el aumento de movimiento con esa clase de miedo. Retrotrae la invención de máquinas cada vez más rápidas a la voluntad de huida, a una especie de instinto con el que el hombre presiente amenazas de las cuales quizá puede salvarse a gran velocidad yendo de una parte a otra de la tierra. Esto sería, pues, el contraste, la cara oscura de la voluntad de poder: la percepción del vacío ante el tifón. En todo aumento de movimiento se consuma una reducción. De modo enteramente semejante a los ricos yacimientos y filones en la naturaleza, también la tranquilidad se agota y se transfiere plenamente al movimiento.

Hay que captar como una señal próxima la creciente inclinación a lo especial, la escisión y traslación a lo singularizado. Eso puede verse también en las ciencias del espíritu donde el talento sinóptico desaparece casi completamente, como también el gran oficio de artesano en el mundo del trabajo. La especialización va tan lejos que la persona singular sólo difunde una idea ramificada, sólo mueve un dedo en la cadena de montaje. No faltan teorías que busquen la causa de la desaparición, tal como aparece en las personalidades, en esa especialización, pero es exactamente lo contrario, y por eso los medios que se recomiendan no resultan suficientemente radicales.

La relación con el valor inferior corresponde moralmente a ese aislamiento que inquieta en las ciencias y en la praxis, pero que también aumenta la circulación. El hecho // de que los «supremos valores se devalúen» lleva a nuevos ataques en las regiones así vaciadas. Tales intentos pueden tener lugar tanto en las Iglesias como en cualquier otro ámbito. Un ataque reduccionista se traiciona, por ejemplo, allí donde Dios es entendido como «el bien» o donde se tienen ideas en el vacío.

Se producen, como bajo un cielo divino inferior, un número inabarcable de religiones sustitutorias. Incluso puede decirse que por el destronamiento de los supremos valores, todos y cada uno ganan la posibilidad de la iluminación y dación de sentido cúlticas. No sólo las ciencias de la naturaleza se introducen en ese papel. Las concepciones del mundo y las sectas prosperan; es un tiempo de apóstoles sin misión. Finalmente, la apoteosis también les cae en suerte a los partidos políticos, y se vuelve divino lo que sirve a sus doctrinas y a sus metas cambiantes.

13

Todavía pueden nombrarse muchos campos en los que es completamente manifiesta la desaparición, como, por ejemplo, el del arte o el de lo erótico. Se trata precisamente de un proceso que ataca a la totalidad y que lleva finalmente a paisajes sumamente mezquinos, crueles, o también carbonizados. En el mejor de los casos adelantan la cristalización. Ahí lo propio no es lo moderno. Más bien es lo que a lo lejos abarca el mundo. Por primera vez observamos el nihilismo como estilo.

A menudo se ha hecho visible en la historia humana, ya sea en personas singulares, ya sea en unidades más pequeñas o grandes, la caída de las jerarquías inmortales con sus consecuencias. Pues siempre estuvieron a disposición poderosas reservas, ya sea en el mundo elemental o en el cultivado. Hubo aún tierra virgen en abundancia y culturas enteras permanecieron intocadas. Hoy afecta la desaparición, que no es sólo desaparición, sino al mismo // tiempo aceleración, simplificación, potenciación e impulso hacia metas desconocidas, a todo el mundo.

Si se observa el lado negativo de la reducción, aparece como su característica tal vez más importante la remisión del número a la cifra o también del símbolo a las relaciones descarnadas. Esto produce entonces la impresión de un yermo lleno de molinos de oraciones, que gira bajo el cielo estrellado. De modo ininterrumpido es más importante la mensurabilidad de todos los comportamientos. Se consagra todavía, aunque ya no se cree en el cambio. Entonces se le da otro sentido, se hace más comprensible.

El *dandy* es un tipo anterior; cuenta todavía con la medida externa de una cultura, cuyo sentido comienza a desaparecer. La prostitución forma también parte de ello como sexualidad despojada de los símbolos. Se antepone no sólo lo venal, sino también la mensurabilidad. La belleza se aprecia en cifras, se vulgariza ampliamente; entre sus subgéneros se cuenta la consideración económica del mundo histórico y social. Todos los ámbitos se reducen cada vez más a ese denominador, incluso sedes tan sustraídas a la causalidad como el sueño.

Con ello tocamos la degradación del tabú, que de modo inmediato asusta, extraña y que también encanta. Lo así esterilizado entra a formar parte entonces de lo que se da por supuesto. Primero resulta un atrevimiento motorizar a un coche mortuorio, luego se convierte en un hecho económico. Un libro tan macabro como el de Evelyn Waugh sobre el negocio de entierros en Hollywood pertenece a la literatura de entretenimiento. La osadía está sólo en los comienzos. Entremedio se ha cumplido una especie de culminación y robado el atractivo a la participación en el grosero proceso nihilista.

¿En qué se funda el malestar que, entre otras cosas, amenaza desviar el agua hacia los partidos radicales y que separa de modo tan significativo los años posteriores a 1945 de los de 1918? Hay que suponer el motivo en que nosotros hemos pasado el punto cero entretanto, no sólo ideológicamente, sino con el // soporte nuclear que subyace a la ideología. Esto lleva pues consigo una nueva dirección del espíritu y la percepción de nuevos fenómenos.

14

No hay que esperar que esos fenómenos afloren de modo sorprendente o cegador. El cruce de la línea, el paso del punto cero *divide* el espectáculo; indica el medio, pero no el final. La seguridad está todavía muy lejos. En cambio, será posible la esperanza. La presión barométrica será mejor a pesar de la amenaza externa, y esto es más favorable que si cayera habiendo todavía perspectivas de seguridad.

Hay que suponer todavía menos que los fenómenos se darán a conocer enseguida como teológicos, si tomamos la palabra en sentido estricto. Hay que suponer, más bien, que se harán visibles en aquellos campos con los que hoy la fe tiene estrecha relación, y por tanto, con los del mundo de cifras. Y de hecho hay que reconocer que, en los límites en los que se tocan las matemáticas y las ciencias de la naturaleza, están en marcha fuertes cambios. Se transforman las representaciones astronómicas, físicas y biológicas de un modo que sobrepasa el mero cambio de teoremas.

Sin duda, con ello no vamos más allá del estilo de taller, aunque una diferencia significativa relampaguea. En lo esencial, el paisaje de taller, tal como lo conocemos, se basa en una demolición que llega hasta el fondo de las viejas formas, en beneficio de una dinámica mayor en el proceso de trabajo. Es el caso de todo el mundo de las máquinas, del tráfico, y de la guerra con sus destrucciones. En las imágenes de horror como en la del incendio de ciudades la demolición alcanza su máxima intensidad. El dolor es enorme y, sin embargo, la figura del tiempo se realiza en medio de la aniquilación histórica. Su sombra cae sobre la // tierra labrada, sobre el suelo sacrificial. Le siguen los nuevos planos.

Todavía medita el ojo sobre el cambio de los decorados, que hay que distinguir de los del mundo del progreso y de la conciencia copernicana. Se tiene la impresión de que el cielo raso, no menos que la escena, avanzan de manera sumamente concreta y entran en una nueva óptica. Es de prever que aparezcan también en ese teatro nuevas figuras.

Además, a nadie se le pasará por alto que en el mundo de los hechos el nihilismo se acerca a las últimas metas. Sólo que la cabeza ya estaba amenazada con la entrada en su zona, pero el cuerpo, al contrario, todavía estaba seguro. Ahora es a la inversa. La cabeza está más allá de la línea. Entretanto sigue aumentando el dinamismo inferior y amenaza con explotar. Convivimos con la espantosa acumulación de proyectiles que están calculados para la aniquilación, sin distinción, de gran parte de la humanidad. No es ninguna casualidad que actúen aquí las mismas fuerzas que desacreditan al soldado que conoce todavía reglas de lucha y la diferencia entre guerreros e indefensos.

Por ello no debe condenarse el proceso como absolutamente sin sentido. No sirve de nada que se cierren los ojos ante él. Es una expresión de la guerra civil mundial en que estamos inmersos. Lo increíble de los poderes y de los medios puede deducirse de que de ahora en adelante está en juego la totalidad. A eso se añade la comunidad de estilo. Todo esto apunta al Estado mundial. Ya no se trata de cuestiones nacional-estatales, tampoco de delimitaciones de grandes espacios. Se trata de planetas.

Esto es una primera mirada de esperanza. Por primera vez se encuentra una meta firme y seria en medio del progreso sin límites y de su cambio. Tampoco la voluntad de alcanzarlo es enteramente cuestión de poder político —sino que más bien corresponde a la opinión que se oye en cualquier esquina de la calle, en cualquier departamento.

Al mismo tiempo debía crecer la opinión de que una tercera // guerra mundial, aunque no es improbable, tampoco es inevitable. No se excluye que se alcance la unidad mundial a través de tratados. Esto podría ser favorecido por el surgimiento de una tercera potencia, por medio de la cual pensar la Europa unida. También pudiera alcanzar el giro una medida que hiciera fracasar ya en la paz a uno de los competidores. Entonces sucedería lo imprevisto. Todo esto aboca al juicio de que cuando se tiene suficiente fuerza de espíritu no hay ocasión ni para el optimismo ni para la desesperación.

15

¿Qué hacer en semejante situación? Son incontables los que cavilan sobre esta pregunta. Es el tema de nuestro tiempo. Tampoco faltan respuestas. Por el contrario, es su pluralidad la que confunde. La salud no viene porque todos se conviertan en doctores.

Las verdaderas causas de nuestra situación son desconocidas y no se aclararán por una explicación precipitada. Esto apenas alcanza a derivaciones secundarias. Pudiera ser que juzgáramos demasiado favorablemente. Podría ser también que la cercanía de la catástrofe nos confundiera la visión y que fases más tardías de la época aportaran luz en su conjunto. Esto sería entonces una señal de que el nihilismo se acerca a su final. Tal vez ya dentro de poco se le verá en contextos completamente distintos.

Del mismo modo, el conocimiento de los medios de salvación es limitado. Si supiéramos un gran arcano, entonces la situación perdería su dificultad. La incertidumbre, la osadía, el miedo, le caracterizan, y cada intento mayor de dominarla, se queda en experimento. Por el contrario, se puede afirmar que aquel que ensalza recetas seguras, se cuenta, o bien entre los charlantes, o bien entre aquellos que todavía no se han dado cuenta de que ha sonado la hora. Ya sea en la ciencia o en cualquier otro lugar, *la* clase de seguridad permite // concluir que algunas reservas del siglo XIX todavía no se han reducido totalmente.

Por el contrario, se pueden recomendar perfectamente modos de comportamiento, señas prácticas respecto al movimiento en el campo nihilista, pues finalmente no falta experiencia. El hombre libre está ya obligado por motivos de autoconservación a preocuparse por cómo comportarse en un mundo en el que el nihilismo no sólo se ha vuelto dominante, sino, lo que todavía es peor, también se ha convertido en un estado normal. El que semejante meditación sea ya posible es una señal de tiempo mejor y más abierto, de la visión que se ha hecho posible más allá del ámbito de las violentas representaciones de coacción.

16

Hay que mencionar todavía respecto a la óptica una circunstancia que al inexperto en esas latitudes le tiene que parecer perturbadora e incluso increíble: a saber, que al cruzar el meridiano cero las viejas cifras ya no concuerdan y hay que comenzar una nueva cuenta.

Esto vale especialmente para la destrucción necesaria. La actitud conservadora, digna de atención en sus representantes e incluso a menudo de admiración, no es capaz ya de interceptar el movimiento creciente y de represarlo, tal como pareció posible todavía después de la primera guerra mundial. El conservador tiene que apoyarse siempre en ámbitos parciales que todavía no se han puesto en movimiento, como en la monarquía, la nobleza, el ejército, el país. Pero allí donde todo resbala se pierde el punto de arranque. En correspondencia, se ve a los jóvenes conservadores pasar de las teorías estáticas a las dinámicas: buscan al nihilismo en su propio campo.

Esto es una señal de que las cosas han progresado extremadamente desde los días del viejo prusiano Marwitz. Entonces todavía podía tenerse la impresión de que únicamente estaba en llamas un almacén, un edificio de explotación. Para // grandes y extensos incendios se exigen otros preparativos. Aquí se piensa en nuevos proyectos.

No hay ninguna duda de que nuestra existencia total se mueve sobre la línea crítica. Con ello se transforman el peligro y la seguridad. Ya no puede pensarse en cómo se sustrae a la corriente de fuego una casa o una propiedad particular. Aquí no sirven astucias, ni tampoco huidas. Por el contrario, los enseres así salvados desprenden un hálito de contrasentido, en el mejor de los casos de museo. Esto vale también intelectualmente, y por eso quiere hoy decir poco el que un pensador mantenga su punto de vista durante decenios. Incluso el desarrollo no parece bastar en esos mundos singulares —más bien la metamorfosis en el sentido de Ovidio, la mutación en el de los contemporáneos.

¿Pues qué tipo de figuras se ofrecen ahora al espíritu que se mueve como una salamandra a través del mundo de fuego? Ve aquí imágenes que se entrelazan a la antigua usanza: es imposible, aunque estén en el Tibet, que puedan permanecer quietas. Allí ve la línea, donde todos los valores se funden y donde el *dolor* ocupa su lugar. Entonces avizora de nuevo contornos que se insinúan. Exigen ante todo vista aguda; sólo pueden ser como gérmenes o como puntos de partida de cristales. Y todas esas exigencias requieren otro acceso, que tiene que parecer confuso y lleno de contradicción a aquel que no pueda realizar la cara negativa y positiva de la aniquilación. Separa a las inteligencias una confusión babilónica, cuyo tema es el lugar exacto del punto cero. De ello se desprendería también sin duda el conocimiento del futuro sistema de coordenadas.

También es posible una óptica en la cual la línea aparezca como señal de profundidad, como en las excavaciones. Se dirige hacia el orden al despejar el escombro de las épocas, y derribar las construcciones de los *fellah*. Con esa intención se ve a espíritus fuertes servirse de la violencia niveladora inherente a los métodos y terminologías nihilistas. A ello pertenece el «filosofar a martillazos», del que se // vanagloriaba Nietzsche, o el título de «empresario de derribos» que Léon Bloy imprimió en su tarjeta de visita.

Sigue siendo decisivo hasta qué punto el espíritu se subordina a la destrucción necesaria y si la marcha del desierto conduce a nuevas fuentes. Ésta es la tarea que entraña nuestro tiempo. En la medida en que la solución depende del carácter, todos participan en ella. Por eso, hay también una pregunta por el valor fundamental que hay que dar hoy a personas, obras e instituciones. Se formula así: ¿en qué medida han pasado la línea?

17

La confusión arriba apuntada aparece de modo inmediato allí donde se supone con razón el punto nuclear de nuestras dificultades, a saber, en los asuntos de fe. Ya la *suposición* es un progreso hacia lo mejor frente a la total indiferencia del liberalismo posterior y peor todavía. Las catástrofes de la segunda guerra mundial han hecho ver claro una carencia a muchos, e incluso a las grandes masas, que de lo contrario no habrían notado nunca. Es la fuerza productiva del dolor, y semejantes comienzos de curación son merecedores de cuidados especiales, de trato especial.

Forma parte de la naturaleza de la cosa el que en semejante situación se ofrezcan primero las Iglesias. Es su oficio, al cual están obligados. Pero enseguida se plantea también la pregunta de en qué medida son capaces de ayuda, o, con otras palabras, de en qué medida se encuentran todavía en posesión de los medios de curación. No hay que rechazar la pregunta, pues justo en las construcciones no probadas pudieran concentrarse de modo especial los materiales para el golpe nihilista. Entonces resultará lo que describíamos al comienzo: el espectáculo de una bendición que no tiene ninguna correspondencia en la trascendencia, y que por ello se convierte en gesto vacío, en un gesto mecánico como todos los otros, incluso supeditado a ellos ya que simula valores. Éste es el instante en que el giro de un motor se vuelve más fuerte, más pleno de sentido // que la repetición millones de veces de las fórmulas en la plegaria. Ante ello se asustan muchos cuyos ojos se hicieron más perspicaces con el nihilismo.

267

La pregunta así planteada no quedará largo tiempo en suspenso: esto es previsible. El instante en que se pase la línea, traerá una nueva donación del Ser, y con ello comenzará a resplandecer lo que es real. Esto será también visible a ojos embotados. A ello se añadirán nuevas fiestas.

Pero más allá de la línea no se puede juzgar sobre el asunto. Se está en el caso de conflicto nihilista, en el cual sin duda no sólo es más lúcido sino también más digno estar al lado de las Iglesias que al lado de aquellos que las atacan. Esto se ha visto sólo hace poco y se ve hoy todavía. Con todo, hay que agradecer sólo a la Iglesia, aparte de a algunos soldados, el que no se haya llegado bajo el júbilo de las masas al canibalismo abierto y a la adoración entusiasta de la bestia. A veces se estuvo casi a punto de ello; ya en las banderas traslució y sigue trasluciendo el brillo de fiestas cainitas. Los otros poderes, por muy social y humanamente que se comportaran, pusieron pies en polvorosa. No se debería ayudarles en sus descomposiciones insípidas.

La continuada represión de las Iglesias, o bien entregaría totalmente a las masas al colectivo técnico y a su explotación, o las empujaría a los brazos de aquellos sectarios y charlatanes que hoy actúan en cualquier cruce. Aquí desembocan un siglo de progreso y dos siglos de ilustración. Se oye también la propuesta de dejar a las masas a su albedrío, que tan claramente les empuja a la aniquilación. Esto significaría perpetuar la esclavitud, en la que se consumen millones, y que sobrepasa los horrores de la antigüedad, pero sin su luz.

Dicho sea esto como observación previa, para evitar confusiones usuales. A continuación hay que establecer que la teología no se encuentra en absoluto en una situación que pueda compararse con el nihilismo. Más bien se pelea con las // retaguardias de la Ilustración, y por tanto ella misma está también involucrada en el diálogo nihilista.

Más esperanzador resulta el que las ciencias particulares avancen hacia imágenes que son capaces de una interpretación teológica, sobre todo la Astronomía, la Física y la Biología. Parece que se aproximan desde la expansión a la concentración, a la visión más limitada, más perspicaz, y, por tanto, quizá también más humana, suponiendo que se conciba de nuevo la palabra. Aquí se tendrán que guardar de una interpretación apresurada; los resultados hablan inmejorablemente. A los experimentos se les plantean ahora nuevas preguntas. Esto trae también nuevas respuestas. Para su recapitulación no bastará la Filosofía.

La carencia será perceptible al menos allí donde basta el servicio divino, en el núcleo ortodoxo. Es quizá el único que ha pasado la línea sin disgregarse o, si es disgregado, traerá cambios increíbles. La carencia aparecerá también de manera más fuerte en los protestantes que en los católicos, por eso en ellos el impulso se dirigirá de modo más fuerte al manejo mundano y a la prosperidad. En ningún caso se sustraerá la decisión a las cabezas intelectuales. Esto lleva a que temas teológicos penetren cada vez más fuertemente en la literatura. En Francia esto se retrotrae a la vieja tradición. La acomodación y la delimitación del autor frente a la Iglesia constituye ahí el conflicto que siempre vuelve de nuevo. La nueva exégesis conduce a una discusión entre profetas y sumos sacerdotes que, al igual que entre Kierkegaard y el obispo Mynster, se repite siempre. La novela teológica, que se descompuso con Sterne, comienza a despuntar de nuevo en los países anglosajones; a menudo se dedican a ella incluso las mismas plumas que precisamente se ocuparon todavía con la descripción del superhombre o del último hombre.

Estos tres hechos: la inquietud metafísica de las masas, el emerger de las ciencias particulares del espacio copernicano y la aparición de temas teológicos // en la literatura mundial, son elementos positivos de rango superior, que pueden oponerse con justicia a un enjuiciamiento de la situación puramente pesimista o dirigido hacia la caída. A eso se añade una especie de impulso de disponibilidad al mismo tiempo fuerte y sobria, como no se hallaba con esa claridad desde 1918.

Se encuentra precisamente allí donde el dolor era máximo, y distingue a la juventud alemana. Aparece más importante que en la victoria, cuando se le ve volver después de semejante prueba de las ruinas, las calderas y la prisión que diezma. Es cierto que falta la petulancia, pero crece un nuevo valor que consiste en vaciar el cáliz. Esto flaquea en el ataque y da fuerzas increíbles para la resistencia. Aumentan para los desarmados.

18

Allí donde se muestran hoy disponibilidad, voluntad de sacrificio y con ello substancia, está siempre cerca el peligro de la sobreutilización insensata. La explotación es el rasgo fundamental del mundo de máquinas y de autómatas. Allí donde el Leviatán aparece crece insaciablemente. Sobre esto tampoco debe engañarse cuando una mayor riqueza parece dorar las escamas. Es todavía más temible en el confort. Como Nietzsche predijo, ha empezado el tiempo de los Estados monstruos.

La derrota sigue siendo siempre lamentable. Pero no se cuenta entre aquellos males que caen enteramente en el lado débil; tiene también ventajas. Entre ellas hay una moral importante, en la medida en que excluye las acciones y con ello también la complicidad que está unida a ellas. De ese modo puede crecer una conciencia de derecho, que es superior a la de los actores.

No se debería renunciar a ésta y otras ventajas, sólo para participar en acciones problemáticas. Ya caen las sombras de nuevos conflictos sobre nuestro país. El alemán es codiciable a los ojos de sus enemigos, // no sólo por la situación central de su país sino también por la fuerza elemental que se esconde en él. Esto mejora su situación y trae nuevos peligros. Le obliga a ocuparse de raíz con problemas que sólo son problemas políticos para la mirada roma.

La disputa con el Leviatán, que tan pronto se impone como tirano exterior como interior, es la más amplia y general de nuestro mundo. Dos grandes miedos dominan a los hombres cuando el nihilismo culmina. El uno consiste en el espanto ante el vacío interior, y le obliga a manifestarse hacia afuera a cualquier precio por medio de despliegue de poder, dominio espacial y velocidad acelerada. El otro opera de fuera hacia dentro como ataque del poderoso mundo a la vez demoníaco y automatizado.

En ese doble juego consiste la invencibilidad del Leviatán en nuestra época. Es ilusorio; en eso reside su poder. La muerte que promete, es ilusoria, y *por eso* más temible que la del campo de batalla. Tampoco fuertes guerreros están a su altura, su misión no va más allá de las ilusiones. Por eso tiene que palidecer la fama guerrera allí donde, en último término, cuenta la realidad superior a la apariencia.

Si se consiguiera derribar al Leviatán, tendría que ser rellenado el espacio así liberado. Pero el vacío interior, el estado sin fe, es incapaz de semejante postura. Por ese motivo, allí donde vemos caer una copia del Leviatán, crecen nuevas imágenes semejantes a cabezas de la Hidra. El vacío las exige.

La misma dificultad hace imposible en el interior de los Estados impedir los abusos que se cometen contra las personas singulares. Pudieran pensarse situaciones en las que se unirían pequeñas *élites*, para, como antes al *demos*, romperle también hoy los dientes al Leviatán y dañarle. Entonces la consecuencia sería su caída. Nosotros lo hemos vivido. Del mismo modo, serían pensables e incluso estarían llenos de sentido partidos que se armaran para el ataque contra aquellas // burocracias, por medio de las cuales la succión es practicada de modo tentacular. Podrían estar seguros de la mayoría, incluso del aplauso unánime; pero con ello no cambiaría nada. Entonces se formarían nuevos centros, si es que simplemente el Leviatán no se apodera desde fuera de la cómoda presa, para agotarla más fuertemente que los propios déspotas. Él ama las ideologías quietistas y las propaga, aunque sólo sea en los otros.

Por tanto, las cosas no son tan simples. Esto lo ve hoy también, sorprendentemente lúcido, el hombre de la calle; finalmente ha pagado el dinero de aprendizaje. El tiempo de las ideologías, como todavía eran posibles después de 1918, ha pasado ya. Todavía están sobre las grandes ideologías, pero sólo como maquillajes absolutamente ligeros. La movilización total ha entrado en un estadio que supera en amenazas todavía al pasado. Sin duda el alemán ya no es su sujeto, y por ello crece el peligro de que se le comprenda como su objeto y que por la culpa cometida se le engañe en cuanto al pago. Sin duda no se puede reaccionar frente al proceso simplemente ignorándolo. Exige un comportamiento político tanto más urgente, cuanta mayor falta de protección hay —aunque la decisión política es reducida y casi se limita a la elección de los protectores.

A eso se añade la suposición de que todo en conjunto es necesario y en las últimas metas está lleno de sentido. La formación de grandes espacios y, ante todo, su creciente carácter de guerra civil apuntan a que ya no se trata de movimientos de Estados nacionales, sino de la preparación de una unidad más amplia, dentro de la cual nuevamente se puede esperar una mayor protección y vida libre de los pueblos y de las patrias.

Una de las jugadas de ajedrez del Leviatán consiste en hacer creer a la juventud que su llamamiento es el mismo que el de la patria. De ese modo se cobra sus mejores víctimas. //

272

19

El camino que ni desde dentro ni desde fuera procura seguridad: ése es el nuestro. Poetas y pensadores lo han descrito, cada vez más exactamente, más conscientemente a cada nuevo paso. Éste es el camino en el que se perfilan siempre más claras y gigantescas las catástrofes.

En semejante apuro se ofrece al hombre la organización. Tómese aquí la palabra en su sentido más amplio, sobre todo como orden por medio del saber y de la ciencia. La siguen simplificaciones económicas, técnicas y políticas. Es imposible que en esa situación el hombre rehúse los motivos que se le ofrecen. Con ello se le quita mucho, ante todo la decisión torturante, la resolución personal. En el marco de ese orden se crea también seguridad. Sin duda se reparten las incontables resoluciones sustraídas en unas pocas centrales. Con ello aflora el peligro de catástrofes universales.

Es de prever que el recorte de libertad se mantenga todavía. Está presente aun allí donde se cree de modo ingenuo en posesión de la resolución. ¿Hay alguna diferencia si se inventan y acumulan medios para asesinar pueblos por encargo de oligarcas tiránicos o por decisión parlamentaria? Ciertamente hay una diferencia: en el segundo caso es todavía más evidente la coacción universal. El miedo domina a todos, aunque se pueda manifestar aquí como tiranía y allí como *fatum*. Mientras gobierna todo es llevado de aquí para allá, en un círculo cerrado, y en las armas hay un brillo funesto.

20

Con ello se plantea la pregunta de si incluso en términos limitados es todavía posible la libertad. Ciertamente no viene dada por neutralidad —ante todo por aquella ilusión de seguridad que se atreve a moralizar al que está en la arena.

De igual modo no es recomendable el escepticismo, especialmente no aquel escepticismo que hace visible. Los espíritus que han administrado la duda y se aprovechan de ella han llegado después a la posesión del poder y ahora la duda es para ellos sacrilegio. Exigen para sí y sus doctrinas y sus Santos Padres una adoración como nunca ningún emperador, ningún papa reclamó para sí. Podría osar dudar todavía aquí quien no retrocede ante la tortura y trabajos forzados. No serán muchos. Hacerse visible de semejante modo significa: prestar al Leviatán justo el servicio que a él le agrada, para el que mantiene ejércitos de policías. Recomendar algo semejante a los oprimidos, como por ejemplo desde el púlpito seguro de la radio, es simplemente criminal. Los actuales tiranos no tienen ningún miedo de aquellos que hablan. Esto pudiera ser posible todavía en los buenos viejos tiempos del Estado absoluto. Mucho más temible es el silencio —el silencio de millones y también el silencio de los muertos, que día a día se hace más profundo y que no acallan los tambores, hasta que se convoque el juicio—. En la medida en que el nihilismo se hace normal, son más temibles los símbolos del vacío que los del poder.

Pero la libertad no habita en el vacío, más bien mora en lo no ordenado y no separado, en aquellos ámbitos que ciertamente se cuentan entre los organizables, pero no para la organización. Queremos llamarlos «la tierra salvaje»: es el espacio desde el cual el hombre no sólo puede esperar a llevar la lucha, sino también desde él vencer. Pero sin duda ya no se trata de ninguna tierra salvaje romántica. Es el fundamento originario de su existencia, la espesura desde la que él irrumpirá un día como un león.

Pero también hay en nuestros desiertos oasis en los que la tierra salvaje florece. Isaías reconoció esto en un tiempo crucial semejante. Son los jardines a los que el Leviatán no tiene acceso, y que anda rondando con rabia. Es de modo inmediato la muerte. Como nunca existen hoy hombres que no temen a la muerte, infinitamente superiores también al máximo poder temporal. Por eso tiene que ser extendido el miedo ininterrumpidamente. // Los tiranos viven siempre con la idea espantosa de que pudieran escaparse del miedo no sólo casos aislados, sino muchos: eso significaría su caída más segura. Aquí reside también el verdadero fundamento para la irritación contra toda doctrina que trascienda. Aquí dormita el máximo peligro: que el hombre pierda el miedo. Hay ámbitos en la tierra en los que se persigue la palabra «metafísica» como herejía. Que toda veneración de héroes y toda gran figura humana se arrastre por el polvo, se comprende ya de por sí.

El segundo poder fundamental es Eros; allí donde dos personas se aman, se sustraen al ámbito del Leviatán, crean un espacio no controlado por él. Eros triunfará siempre como verdadero mensajero de los dioses sobre todas las invenciones titánicas. Nunca fallará cuando se pongan a su lado. En ese contexto sean mencionadas las novelas de Henry Miller, en ellas se aduce el sexo contra la técnica. Libera de la férrea coacción del tiempo; se aniquila el mundo de las máquinas dedicándose a él. La conclusión errónea consiste en que esa aniquilación es puntual y siempre tiene que ser aumentada. El sexo no contradice sino que corresponde en lo orgánico a los procesos técnicos. En ese nivel está tan próximo a lo titánico como al insensato derramamiento de sangre, pues los impulsos sólo son contradictorios allí donde desbordan ya sea hacia el amor, ya sea hacia el sacrificio. Esto nos hace libres.

El Eros vive también en la amistad, que frente a la tiranía experimenta las últimas pruebas. Aquí se la acrisola y pone a prueba como el oro en el horno. En tiempos en los que la sospecha penetra hasta en la familia, se acomoda el hombre a las formas del Estado. Se arma como una fortificación desde la que no sale ninguna señal hacia afuera. Allí donde una broma e incluso la omisión de un gesto pudiera significar la muerte, hay una gran vigilancia. Pensamientos y sentimientos quedan encerrados en lo más íntimo; incluso se evita el vino, ya que despierta la verdad.

En tales situaciones la charla con el amigo de confianza no sólo puede consolar infinitamente // sino también devolver y confirmar el mundo en sus libres y justas medidas. *Un* hombre basta como testigo de que la libertad todavía no ha desaparecido; pero tenemos necesidad *de él*. Y entonces nos crecerán las fuerzas para la resistencia. Lo saben los tiranos y buscan disolver lo humano en lo general y público, eso mantiene lo incalculable, lo extraordinario, lejos.

Están absolutamente unidas la libertad y la vida de las musas, que llega a florecer allí donde la libertad interna y externa están en buena relación. La creación de las musas, es decir, de la obra de arte, encuentra todavía una enorme resistencia interna y externa. Esto la hace tanto más digna de mérito. También con la obra de arte se amamanta la Nada con fuerza increíble; esto hace el acto genésico consciente. Suelen referirse a ello como una pérdida, pero se debería ver ahí más bien el estilo de la época. En toda creación de las musas, en cualquier campo en que tenga lugar, se esconde hoy un añadido crítico de racionalidad y autocontrol —ésta es precisamente su credencial, su distintivo temporal, en el que se reconoce la autenticidad—. La ingenuidad está hoy a niveles distintos que hace cincuenta años, y cae precisamente en el círculo de la repetición mecánica lo que quiere forzar el sueño. Tenemos hoy que convertir al espíritu consciente en instrumento que salva. Es para nosotros la materia de lo indecible, y sus imágenes se dejan también elevar con nuestros medios hasta lo eternamente válido. Lo auténtico consiste en la limitación a lo que nos es dado.

No puede estar el sentido del arte en ignorar el mundo en que vivimos —y esto trae consigo el que es menos alegre—. La superación y dominación espiritual del tiempo no se reflejará en que máquinas perfectas coronen el progreso, sino en que la época gane forma en la obra de arte. Aquí será salvada. Ahora bien, la máquina nunca puede ser obra de arte, pero el impulso metafísico, que ilumina todo el mundo de las máquinas, puede muy bien en la obra de arte alcanzar sumo sentido y con ello introducir sosiego en ella. Esto es una diferencia importante. // El sosiego mora en la figura, también en la figura del Trabajador. Cuando se considera el camino que ha recorrido la pintura en este siglo, se imaginarán las víctimas que aquí se consuman. También se imaginarán que conduce al triunfo, para lo que no basta el puro servicio de lo bello. Incluso es discutible lo que se reconocerá como bello.

No se encontrará a un hombre que en su jardín deje dominar lo económico hasta tal punto que tampoco haya lugar para flores. En cuanto sus parterres ganan vida, se eleva lo puramente necesario. Experimentará lo mismo el hombre prensado en nuestro orden, en nuestros estados, que, aunque sea por un corto período de tiempo, se dedique a la obra de arte. Pudiera ser que él, como el cristiano a la cruz, sólo pudiera acercarse a ella en las catacumbas. En los ámbitos leviatánicos no sólo domina el mal estilo, sino que tiene que ser contado también necesariamente el hombre de las musas entre los enemigos más importantes. La persecución acredita al artista. Por el contrario, los tiranos dispensan alabanzas a los esclavistas espirituales. Estos deshonran la poesía.

21

Exactamente igual sucede con el pensador en esta época. Está con semejante osadía junto a los límites de la Nada. Con ello *reconoce* el miedo, que es percibido por los hombres pánicamente y como en ciegos golpes del destino. Al mismo tiempo se acerca también al salvador, que Hölderlin ve conjuntamente con el peligro.

Hágase mención ahí a la extraña simetría que hoy pone en correspondencia especular al poeta y al pensador. La poesía se ha hecho consciente de un modo que supera todo intento anterior. La luz penetra hasta el entramado de los sueños y mitos tempranos. A ello pertenece la participación, cada vez mayor, de la mujer en lo espiritual. // Más acá de la línea, ella se cuenta entre los procesos de reducción; sólo más allá se mostrará si y a qué ganancia está unida. Si hoy apareciera en el mundo un extranjero inteligente, podría concluir a partir de la poesía que tiene que haber conocimiento de los rayos X, e incluso de los procesos nucleares. Éste no era hasta hace poco el caso y sigue siendo asombroso cuando se piensa cuán despacio la palabra sigue el paso del espíritu. Así sigue saliendo todavía el sol en el lenguaje.

    Si ahora en el poetizar el lenguaje, semejante a un suelo fértil, se arquea en esferas espirituales, así hunde en el pensar las raíces en lo no separado. Son movimientos inmediatos a la Nada y los dos apoyados el uno en el otro. El estilo de pensar es completamente distinto de los tiempos clásicos como, por ejemplo, del barroco, en el que le caracterizaba la total seguridad, la soberanía de la monarquía absoluta. Incluso ya no puede sostener más en pie la exigencia del positivismo: que en todo campo en el que se pueda encontrar el espíritu domine la clara conciencia con sus leyes. La gran marea desde lo desconocido no sólo ha superado todos los pluviómetros, sino también las marcas con el máximo nivel de agua conocido. Entonces se vuelve problemática la seguridad también en lo espiritual, incluso se vuelve contrariedad, como ocurre con toda posesión recibida. El pensar tiene que buscar otras seguridades y recuerda otros, más alejados motivos, como los de la Gnosis, los presocráticos, los eremitas que se asentaban en la Tebaida. Aparecen nuevos y, sin embargo, antiquísimos *leit-motivs*, como el del miedo. A pesar de todo, es preciso constatar que ese pensar muestra al mismo tiempo marcas precisas como parte de la herencia del siglo XIX y de su ciencia. Pero, ¿dónde se encuentran lo determinado e indeterminado, la osadía y la precisión? En varios ámbitos, como por ejemplo en el experimento.

Y, de hecho, lo experimental pertenece también a los caracteres de ese pensar. Éste es el estilo que caracteriza no sólo a la pintura, no sólo a la ciencia, sino también a la existencia de la persona singular. Buscamos mutaciones, // posibilidades, entre las cuales la vida deba ser en un nuevo Eón llevadero, soportable, y tal vez feliz. El experimento científico con sus preguntas se dirige a la materia. Todos nosotros conocemos las inauditas respuestas que ha dado y que amenazan el equilibrio del mundo. Sólo se puede restablecer si el pensar gana respuestas desde el cosmos espiritual, que son superiores a aquellas materiales. La singularidad de nuestra situación permite concluir que esos actos de pensar tienen que preceder temporalmente a las posiciones teológicas, pero apuntando a ellas —y tal vez no sólo ellos sino el curso de la ciencia en general, como red en la que se capturan otras presas que las esperadas.

Es evidente que aquí no basta el pensar tal como lo heredamos. Sin embargo, no se puede decir que, al igual que en general, también en el pensar tenga lugar una operación dirigida contra el siglo precedente —su estilo, en particular su estilo de conocimiento, se amplía y profundiza—. Sin duda con ello también se transforma, y tal vez se vuelve incomparablemente más poderoso —como también la acometida de nuevas energías materiales se basa en el sabio trabajo de nuestros padres—. Son cada vez menos las operaciones y métodos, como nuevos poderes, que responden.

Lo que permite sin duda suponer que a los métodos ya desde el comienzo les eran inmanentes otras metas que las previstas.

Ahora estamos en lo no medido. Aquí es menor la seguridad, con mayor esperanza de ganancia. «Senderos del bosque» [*Holzwege*] es una bella, socrática palabra para ello. Indica que nos encontramos separados de las carreteras seguras y dentro de la riqueza en lo no separado. Junto a ello se incluye la posibilidad del fracaso.

22

El reproche de nihilismo se cuenta hoy entre los más populares, y todos lo dirigen con placer a su enemigo. Es // probable que *todos* tengan razón. Deberíamos pues cargar con el reproche y no detenernos con aquellos que sin descanso están a la búsqueda de culpables. Quien menos conoce la época es quien no ha experimentado en sí el increíble poder de la Nada y no sucumbió a la tentación. El propio pecho: esto es, como antiguamente en la Tebaida, el centro del mundo de los desiertos y de las ruinas. Aquí está la caverna ante la que se agolpan los demonios. Aquí está cada uno, da igual de qué clase y rango, en lucha inmediata y soberana, y con su victoria se cambia el mundo. Si él es aquí más fuerte, entonces retrocederá en sí la Nada. Dejará en la orilla de playa los tesoros que estaban sumergidos. Ellos compensarán los sacrificios.

Martin Heidegger
HACIA LA PREGUNTA DEL SER

PRÓLOGO

El escrito da el texto sin cambios, ampliado en algunas líneas (pág. 24 y sigs.), de la contribución al volumen homenaje a Ernst Jünger (1955). Se ha modificado el título. Era: *Sobre «La línea»*. El nuevo título debe mostrar que la meditación sobre la esencia del nihilismo provino de una exposición del es así en cuanto S̶e̶r̶. Según la tradición, la filosofía entiende por la pregunta del Ser la pregunta por el ente en cuanto ente. Es *la* pregunta de la metafísica. La respuesta a esta pregunta se remite siempre a una interpretación del Ser, que se queda en lo impreguntable y prepara el fundamento y suelo para la metafísica. La metafísica no vuelve a su fundamento. Explicita esa vuelta la *Introducción* a *¿Qué es metafísica?*, que desde la 5ª edición (1949) se antepone al texto de la conferencia. (11ª edición 1955, págs., 7-23).

SOBRE «LA LÍNEA»

Querido señor Jünger:

Mi saludo en su sesenta cumpleaños retoma con un pequeño cambio el título del ensayo que usted me dedicó en ocasión semejante. Entretanto, su contribución *Sobre la línea* apareció, ampliada en algunos pasajes, en edición aparte. Es un «enjuiciamiento de la situación» que vale para el «cruce» de la línea, pero que, sin embargo no se agota en la descripción de la situación. La línea se llama también el «meridiano cero» (pág. 49). Usted habla (págs. 39 y 51) del «punto cero».// El cero apunta a la Nada, y precisamente a la vacía. Allí donde todo afluye hacia la Nada reina el nihilismo. En el meridiano cero se aproxima a su consumación. Recogiendo una interpretación de Nietzsche, usted entiende el nihilismo como el proceso, «*de que los supremos valores se devalúan*» (*Voluntad de poder*, n. 2, año 1887).

La línea cero tiene como meridiano su zona. El ámbito del nihilismo consumado constituye la frontera entre dos edades del mundo. La línea que le designa es la línea crítica. En ella se decide si el movimiento del nihilismo sucumbe en la Nada aniquiladora o si es el tránsito al dominio de una «nueva donación del Ser» (pág. 53). Por tanto, el movimiento del nihilismo tiene que estar basado de por sí en diferentes posibilidades y, conforme a su esencia, ser ambiguo.

Su enjuiciamiento de la situación sigue las señales que permiten conocer si y en qué medida cruzamos la línea y por ello salimos de la zona del nihilismo consumado. En el título de su escrito, *Sobre la línea*, significa el «sobre» [*über*] tanto como: más allá, trans, μετά. Por el contrario, las siguientes observaciones entienden el «sobre» sólo en el significado del: de, περί. Tratan «de» la línea misma, de la zona del nihilismo que se consuma. Si seguimos con la imagen de la línea, entonces encontramos que recorre un espacio que, a su vez, está determinado por un lugar. El lugar reúne. La reunión cobija lo reunido en su esencia. Desde el lugar de la línea se infiere el origen del nihilismo y de su consumación.

Mi carta quisiera pensar previamente en ese lugar de la línea y así explicar la línea. Su enjuiciamiento de la situación bajo el nombre *trans lineam* y mi explicación bajo el nombre *de línea*, se corresponden. Aquélla incluye a ésta. Ésta depende de aquélla. Con ello no le digo nada especial. Usted sabe que un enjuiciamiento de la situación del hombre respecto al movimiento del nihilismo y dentro de éste, // exige una determinación esencial suficiente. Tal saber falta en muchos lugares. La carencia enturbia la vista en el enjuiciamiento de nuestra situación. Hace superficial el juicio sobre el nihilismo y ciego el ojo para la presencia «de éste, el más inhóspito de todos los huéspedes» (Nietzsche, *La voluntad de poder. Para el plan*, WW XV, pág. 141). Se llama el «más inhóspito» porque él, como voluntad incondicionada de voluntad, quiere la inhospitalidad en cuanto tal. Por eso no sirve de nada mostrarle la puerta, ya que por doquier desde hace tiempo e invisible da vueltas por la casa. Es preciso divisar a ese huésped y examinarle. Usted mismo escribe (pág. 23): «Una buena definición del nihilismo sería comparable al descubrimiento del agente cancerígeno. No significaría la curación, pero sí su condición, en la medida en que generalmente los hombres colaboran en ello. Se trata ciertamente de un proceso que supera ampliamente a la historia».

Así pues, podría esperarse «una buena definición del nihilismo» de una explicación *de linea*, si el esfuerzo humanamente posible por la curación pudiera compararse a un cortejo *trans lineam*. Es cierto que usted acentúa que el nihilismo no puede equipararse a la enfermedad, como tampoco al caos y a lo malo. El nihilismo mismo, como tampoco el agente cancerígeno, no son algo enfermizo. Respecto a la esencia del nihilismo no hay ninguna perspectiva y ninguna pretensión razonable de curación. Sin embargo, su escrito mantiene un estilo médico, como ya indica la división en pronóstico, diagnóstico, terapia. El joven Nietzsche llama una vez al filósofo el «médico de la cultura» (WW X, pág. 225). Pero ahora ya no se trata sólo de la cultura. Usted dice con razón: «El todo está en juego». «Se trata del planeta en general» (pág. 47). El curar sólo puede referirse a las consecuencias malignas y a los fenómenos amenazadores que acompañan a este proceso planetario. Tanto más urgentemente necesitamos el conocimiento y el reconocimiento del agente, es decir, de la esencia del nihilismo. Tanto más necesario es el pensar, suponiendo que sólo en el pensar correspondiente se prepare una experiencia suficiente de la esencia. // Pero, en la misma medida en que se desvanecen las posibilidades de una curación inmediatamente eficaz, se ha reducido también la capacidad del pensar. La esencia del nihilismo no es ni curable ni incurable. Es lo sin cura, pero en cuanto tal es, sin embargo, una remisión única a la cura. Si el pensar debe acercarse al ámbito de la esencia del nihilismo, entonces será necesariamente previo y, por tanto, otro.

El que una explicación de la línea pueda aportar «una buena definición del nihilismo», el que pueda aspirar siquiera a tal cosa, será problemático para un pensamiento previo. Tiene que intentarse de otro modo una explicación de la línea. La renuncia así expresada a una definición parece abandonar el rigor del pensar. Pero también podría acontecer que sólo aquella renuncia ponga al pensar en el camino de un esfuerzo, que permita experimentar de qué índole es el rigor idóneo del pensar. Esto no puede nunca decidirse desde el tribunal de la *ratio*. No es en absoluto un juez justo. Hunde sin vacilar todo lo no conforme a *ella* en el supuesto, y además por ella misma delimitado, pantano de lo irracional. La razón y su representar son sólo *una* clase del pensar y en modo alguno por sí mismo determinados, sino por aquello que el pensar ha ordenado pensar a la manera de la *ratio*. El que su dominio se erija como racionalización de todos los órdenes, como normalización, como nivelación en el curso del desarrollo del nihilismo europeo, da tanto que pensar como sus correspondientes intentos de huida hacia lo irracional.

Lo más grave de todo es, sin embargo, el proceso de que el racionalismo e irracionalismo se involucren por igual en un negocio de intercambio, del que no sólo ya no saben cómo salir, sino que ni tampoco quieren ya salir. Así pues, se niega aquella posibilidad por la que el pensar pudiera llegar a un mandato que se mantenga fuera de la alternativa de lo racional e irracional. No obstante, semejante pensar podría // ser preparado por lo que en los modos de la dilucidación, de la meditación y de la explicación histórica intenta dar pasos a tientas.

Mi explicación quisiera salir al encuentro del enjuiciamiento médico de la situación expuesto por usted. Usted mira y pasa por encima de la línea; yo sólo miro la línea por usted representada. Lo uno ayuda a lo otro alternativamente en la extensión y claridad del experimentar. Ambos podrían ayudar a despertar la «fuerza suficiente del espíritu» (pág. 47) que es requerida para un cruce de la línea.

Para que divisemos el nihilismo en la fase de su consumación, tenemos que recorrer su movimiento en su acción. La descripción de esta acción es entonces particularmente fácil de retener en la memoria si, en cuanto descripción, ella misma participa en la acción. Pero la descripción cae también por ello en un peligro extraordinario e [incurre] en una responsabilidad de largo alcance. Quien siga participando de semejante manera, tiene que concentrar su responsabilidad [*Verantwortung*] en aquella res-puesta [*Ant-wort*] que surge de un preguntar impávido dentro de la problematicidad máxima posible del nihilismo, y que como la correspondencia a ésta es asumida y divulgada.

Su obra *El trabajador* (1932) ha logrado la descripción del nihilismo europeo en su fase posterior a la primera guerra mundial. Se desarrolla a partir de su ensayo *La movilización total* (1930). *El trabajador* pertenece a la fase del «nihilismo activo» (Nietzsche). La acción de la obra consistió —y consiste aún en función modificada— en que hace visible el «total carácter de trabajo» de todo lo real desde la figura del trabajador. Así aparece el nihilismo, inicialmente sólo europeo, en su tendencia planetaria. Sin embargo, no hay ninguna descripción en sí, que fuera capaz de mostrar lo real en sí. Toda descripción se mueve, cuanto más agudamente procede, tanto más decididamente a su modo particular en un determinado círculo visual. Modo de ver y círculo visual —usted dice «óptica»— se entregan // al representar humano a partir de las experiencias fundamentales del ente en totalidad. Pero a ellas les precede ya una iluminación de lo que el ente «es» nunca realizable por los hombres. La experiencia fundamental, que soporta y atraviesa su representación y exposición, creció en las batallas de material de la primera guerra mundial. Pero el ente en totalidad se muestra a usted a la luz y a la sombra de la metafísica de la voluntad de poder, que Nietzsche interpreta bajo la forma de una teoría del valor.

En el invierno de 1939 a 1940 comenté *El trabajador* en un pequeño círculo de docentes universitarios. Se asombraron de que un libro tan clarividente estuviera publicado desde hace años y que nadie todavía hubiera aprendido siquiera a atreverse a intentar el dejar moverse la mirada sobre el presente en la óptica de *El trabajador*, y de pensar planetariamente. Se sintió que, también en este caso, no bastaba la consideración histórica universal de la historia mundial. Se leyeron entonces afanosamente los *Acantilados de mármol*, pero, según me pareció, sin el horizonte suficientemente amplio, es decir, planetario. Pero tampoco se sorprendieron de que un intento de comentar *El trabajador* fuera vigilado y finalmente suprimido. Pues pertenece a la esencia de la voluntad de poder el no dejar aparecer en *la* realidad, en la que ella misma se hace presente, lo real de lo que se a-podera.

Permítame que reproduzca una anotación del intento de comentario mencionado. Se debe a que espero poder decir en esta carta algunas cosas más clara y libremente. La nota dice:

«La obra de Ernst Jünger, *El trabajador*, tiene peso porque logra, de un modo distinto a Spengler, proporcionar lo que no fue capaz hasta ahora toda la literatura nietzscheana, a saber, una experiencia del ente y de cómo es, a la luz del proyecto nietzscheano del ente como voluntad de poder. Sin duda que con ello no se comprende en absoluto la metafísica de Nietzsche de modo pensante; y ni siquiera se indican los caminos hacia ello; por el contrario: en lugar de digna de preguntarse en sentido auténtico, se vuelve esa metafísica en comprensible de suyo y aparentemente superflua». //

Como ve usted, la pregunta crítica piensa en un sentido cuyo seguimiento sin duda no pertenece al círculo temático de las descripciones que lleva a cabo *El trabajador*. Mucho de lo que sus descripciones hicieron ver y por primera vez expresaron, lo ve y dice hoy cualquiera. Además, *La pregunta por la técnica* debe a las descripciones de *El trabajador* un estímulo duradero. Respecto a sus «descripciones» cabe anotar que no sólo pintan algo real ya conocido, sino que hacen accesible «una nueva realidad», por lo que «se trata menos de nuevos pensamientos o de un nuevo sistema...» (*El trabajador*, prólogo).

Todavía hoy, —como no podía ser menos—, se recoge lo fecundo de su decir en la «descripción» bien entendida. Pero la óptica y el círculo visual que guían el describir no están determinados ya, o no lo están de modo adecuado, como antes. Pues usted no participa ya en aquella acción del nihilismo activo, que también en *El trabajador* es pensada en sentido nietzscheano en la dirección de una superación. Sin embargo, el no-tomar-parte no significa en absoluto: estar fuera del nihilismo, máxime si la esencia del nihilismo no es nihilista y si la historia de esta esencia es más vieja y sigue siendo más joven que las fases históricamente constatables de las diversas formas del nihilismo. Por ello no pertenece a su obra *El trabajador* y el subsiguiente, y todavía más sobresaliente ensayo *Sobre el dolor* (1934) a los actos retirados del movimiento nihilista. Al contrario: me parece que esas obras *quedan*, porque, en la medida en que hablan el lenguaje de nuestro siglo, puede prenderse de nuevo en ellas la discusión todavía no conseguida con la *esencia* del nihilismo.

Mientras escribo esto, me acuerdo de nuestra conversación a finales de la pasada década. Yendo de paseo por un camino del bosque nos paramos en un sitio donde se desviaba un sendero del bosque [*Holzweg*]. Entonces le animé a reeditar, y sin cambios, *El trabajador*. Usted siguió esta propuesta pero con reticencia por motivos que concernían menos al contenido del libro que al momento justo de su reaparición. Nuestra conversación sobre *El trabajador* se interrumpió. Yo mismo tampoco estaba lo bastante concentrado como para poder explicitar de modo suficientemente claro los motivos de mi propuesta. Entretanto llegó a la sazón el tiempo de decir algo sobre ello.

Por un lado, el movimiento del nihilismo se ha vuelto más patente en su irresistibilidad multiforme que devora todo. Ninguna persona inteligente querrá aún negar hoy que el nihilismo en las formas más diversas y escondidas es «el estado normal» de la humanidad (véase Nietzsche, *La voluntad de poder*, n. 23). Lo prueban muy bien los intentos exclusivamente re-activos contra el nihilismo que, en lugar de entrar a una discusión con su esencia, se dedican a la restauración de lo anterior. Buscan la salvación en la huida, a saber, en la huida de la mirada a la problematicidad de la posición metafísica del hombre. La misma huida apremia también allí donde en apariencia se abandona toda metafísica y se la sustituye por Logística, Sociología y Psicología. La voluntad de saber que aquí irrumpe y su dúctil organización conjunta señalan un aumento de la voluntad de poder, de distinta clase de aquella que Nietzsche caracterizó como nihilismo activo.

Por otro lado, su propio crear y aspirar busca encontrar una salida de la zona del nihilismo pleno, sin perder usted el plano de la perspectiva que abrió *El trabajador* desde la metafísica nietzscheana.

Usted escribe (*Sobre la línea*, pág. 59): «La movilización total ha entrado en un estadio que supera en amenazas todavía al pasado. Sin duda el alemán ya no es su sujeto, y por ello crece el peligro de que se le comprenda como su objeto». Aun ahora sigue usted viendo, y ciertamente con razón, la movilización total como un carácter distintivo // de lo real. Pero cuya realidad ya no está para usted determinada por la «*voluntad de* (subrayado por mí) la movilización total» (*El trabajador*, pág. 148), y ya no de modo que esta voluntad pueda valer como la única fuente de «donación de sentido» justificadora de todo. Por eso, usted escribe (*Sobre la línea*, pág. 50): «No hay ninguna duda de que nuestra existencia (es decir, según la pág. 52 «las personas, obras e instituciones») se mueve en su totalidad sobre la línea crítica. Con ello se modifican peligros y seguridad». En la zona de la línea el nihilismo se aproxima a la consumación. El total de la «existencia humana» sólo puede cruzar la línea si esta existencia sale de la zona del nihilismo pleno.

Según ello, una explicación de la línea tiene que preguntar: ¿en qué consiste la consumación del nihilismo? La respuesta parece obvia. El nihilismo se ha consumado cuando ha prendido todas las existencias y está por todas partes, cuando ya no puede afirmarse que sea una excepción, en tanto que se ha vuelto un estado normal. Pero en el estado normal *se realiza* sólo la consumación. Aquél es una consecuencia de ésta. Consumación significa la concentración de todas las posibilidades esenciales del nihilismo, que en conjunto y aisladamente siguen siendo difícilmente penetrables. Las posibilidades esenciales del nihilismo sólo se dejan pensar si pensamos de nuevo su esencia. Digo «de nuevo», porque la esencia del nihilismo precede, y por tanto perdura en, los fenómenos nihilistas aislados, y los concentra en la consumación. Sin embargo, la consumación del nihilismo no es ya su final. Con la consumación del nihilismo *comienza* sólo la fase final del nihilismo, cuya zona se presume, ya que está dominada por un estado normal y su consolidación, que es inusualmente amplia. Por eso la línea-cero, donde la consumación llega a su final, a lo mejor no es todavía visible.

¿Qué pasa entonces con la perspectiva de un

cruzar la línea? ¿Está ya la existencia humana en tránsito // *trans lineam* o sólo pisa el amplio predio ante la línea? Pero quizá nos fascina también un espejismo inevitable. Quizá aparezca súbitamente ante nosotros la línea-cero bajo la forma de una catástrofe planetaria. ¿Quién la cruza entonces? ¿Y qué pueden las catástrofes? Las dos guerras mundiales ni han detenido el movimiento del nihilismo ni lo han desviado de su dirección. Lo que usted dice (pág. 59) sobre la movilización total lo confirma. ¿Qué pasa ahora con la línea crítica? En cualquier caso, de modo que una explicación de su lugar pudiera despertar una meditación sobre si y en qué medida podemos pensar en un cruce de la línea.

Pero el intento de decir con usted en el diálogo epistolar algo *de línea*, topa con una dificultad especial, cuya razón consiste en que usted habla el mismo lenguaje en el «más allá» sobre la línea, es decir, en el espacio más acá y más allá de la línea. Parece que, en cierta manera, se ha abandonado ya la posición del nihilismo al cruzar la línea, pero *ha quedado su lenguaje*. Me refiero aquí al lenguaje no como simple medio de expresión, que se puede quitar y cambiar como un disfraz, sin que aquello que ha llegado a expresarse sea afectado por ello. En el lenguaje aparece lo primero de todo y se presenta aquello que nosotros, en el empleo de las palabras correctas, pronunciamos aparentemente sólo de manera adicional, y justo en expresiones de las que pensamos que podrían omitirse a discreción y ser sustituidas por otras. Me parece que el lenguaje revela en *El trabajador* sus rasgos principales al inicio de todo, en el subtítulo de la obra. Dice: «Dominio y forma». Él caracteriza el esquema de la obra. Usted entiende «forma» [*Gestalt*] primero en el sentido de la Psicología de la forma de aquella época, como «un todo que comprende más que la suma de sus partes». Podría considerarse en qué medida esa caracterización de la forma se sigue apoyando, por el «más» y «la suma», en el pensar que suma y deja el carácter de forma en lo indeterminado. // Pero usted da a la forma un rango cúltico y la aparta con razón de la «mera idea».

Pero aquí se interpreta la «idea» modernamente en el sentido de *perceptio*, del representar por un sujeto. Por otra parte, sigue siendo también asequible para usted la forma sólo en un ver. Es aquel ver que se llama en los griegos, ἰδεῖν, palabra que Platón usa para un mirar, el cual no mira lo mutable perceptible sensiblemente, sino lo inmutable, el ser, la ἰδέα. También usted caracteriza la forma como «ser en reposo». La forma no es ciertamente ninguna «idea» en sentido moderno, por tanto tampoco ninguna representación regulativa de la razón en sentido de Kant. El ser en reposo sigue siendo para el pensar griego puramente distinto (diferente) frente al ente mutable. Esta diferencia entre Ser y ente aparece entonces, mirando desde el ente hacia el Ser, como la trascendencia, es decir, como lo metafísico. Pero la diferenciación no es ninguna separación absoluta. Lo es tan poco que en el presentar (ser) lo pre-sente (ente) es pro-ducido, pero sin embargo, no causado, en el sentido de una causalidad eficiente. Lo pro-ducente es a veces pensado por Platón como lo acuñante τύπος (véase *Teeteto*, 192a, 194b). También usted piensa la relación de la forma para con lo que «forma», como la relación del cuño y la acuñación. En todo caso, usted entiende el acuñar de modo moderno, como un conferir «sentido» a lo sin-sentido. La forma es «fuente de donación de sentido» (*El trabajador*, pág. 148).

La referencia histórica a la copertenencia entre forma, ἰδέα y Ser no quisiera confundir históricamente respecto a su obra, sino mostrar *que sigue siendo natural de la metafísica*. Conforme a ésta, todo ente, el cambiante y movido, móvil y movilizado, se representa desde un «Ser en reposo», y esto también aun allí donde, como en Hegel y Nietzsche, el «Ser» (la realidad de lo real) es pensado como devenir puro y movilidad absoluta. La forma es «poder metafísico» (*El trabajador*, págs. 113, 124, 146).

En otro aspecto se diferencia, sin embargo, el representar metafísico en *El trabajador* del platónico e incluso del moderno, excepto del de Nietzsche. La fuente de sentido, el poder presente de antemano y que así acuña todo, es la forma en cuanto forma de una *naturaleza humana*: «La forma del trabajador». La forma reposa en las estructuras esenciales de una naturaleza humana, que como sujeto subyace a todo ente. No la yoidad de un hombre aislado, lo subjetivo de la egoidad, sino la presencia preformada con carácter de forma de una estirpe (tipo) configura la subjetividad extrema, que aparece en la consumación de la metafísica moderna y por cuyo pensar es representada.

En la forma del trabajador y su dominio ya no se mira a la subjetiva, y mucho menos entonces a la subjetidad subjetivista de la esencia humana. El ver metafísico de la forma del trabajador corresponde al proyecto de la forma esencial de Zaratustra dentro de la metafísica de la voluntad de poder. ¿Qué se esconde en ese aparecer de la subjetidad objetiva del *subiectum* (del Ser del ente), que es pensada como forma humana, y no como un hombre aislado?

Hablar de la subjetidad (no subjetividad) de la esencia humana como el fundamento de la objetividad de todo *subiectum* (de todo presente) parece en todos los aspectos paradójico y artificial. Esta apariencia tiene su fundamento en que apenas hemos comenzado a preguntar por qué y de qué manera será necesario dentro de la metafísica moderna un pensar que Zaratustra representa como forma. La información dada a menudo de que el pensamiento de Nietzsche había caído fatalmente en la poesía, es ella misma sólo el abandono del preguntar pensante. A pesar de todo, ni siquiera necesitamos volver a pensar hasta la deducción trascendental kantiana de las categorías para ver que, al mirar la forma como la fuente de la donación de sentido, se trata de la *legitimación* del Ser del ente. Sería una explicación demasiado grosera si se dijera que // aquí, en un mundo secularizado, el hombre como creador del Ser del ente ocupa el lugar de Dios. Que, en efecto, la esencia humana está en juego, no admite duda. Pero la esencia (verbal) del hombre, «el ser-ahí [*Dasein*] en el hombre» (véase *Kant y el problema de la metafísica*; 1ª ed., 1929, § 43) no es algo humano. Para que la idea de la esencia humana pueda alcanzar el rango de lo que fundamenta ya a todo presente como la presencia, que permite primero una «representación» en el ente, y así legitima a éste *como* el ente, tiene el hombre ante todo que ser representado en el sentido de un fundamento normativo. Pero, ¿normativo para qué? Para el asegurarse del ente en su ser. ¿En qué sentido aparece «Ser» cuando se trata del asegurarse del ente? En el sentido de lo en todas partes y en todo tiempo constatable, es decir, representable. Descartes, entendiendo así el Ser, encontró la subjetividad del *subiectum* en el *ego cogito* del hombre finito. El aparecer de la forma metafísica del hombre como fuente de donación de sentido es la consecuencia última de la posición de la esencia humana como *subiectum* normativo. Conforme a ello, se transforma la forma interna de la metafísica, que consiste en lo que puede denominarse como la trascendencia. Ésta es dentro de la metafísica por razones esenciales ambigua. Allí donde esa ambigüedad no se tiene en cuenta se extiende una confusión incurable, que puede valer como característica del representar metafísico todavía hoy usual.

La trascendencia es, primero, la —desde el ente dirigiéndose hacia el Ser—, relación entre ambos. Pero la trascendencia es, al mismo tiempo, la relación que conduce de un ente cambiante a un *ente en reposo*. Trascendencia significa, finalmente, correspondiendo al uso del título «excelencia», aquel *supremo ente mismo*, que entonces es llamado también «el Ser», de lo que resulta una extraña mezcolanza con la significación primero aducida.

¿Para qué le aburro a usted con la referencia a las diferencias hoy demasiado liberalmente manejadas, es decir, apenas pensadas en su diversidad // y copertenencia? Para dejar desde aquí claro cómo lo meta-físico de la metafísica, la trascendencia, se transforma cuando en su ámbito diferencial aparece *la forma* de la esencia humana como fuente de dación de sentido. La trascendencia, entendida en sentido plural, se convierte en la correspondiente rescendencia y desaparece en ésta. El retroceso de esta índole a través de la forma acontece de manera que su presencia se represente, que esté de nuevo presente en lo acuñado de su acuñación. La presencia de la forma de el trabajador es el poder. La representación de la presencia en su dominio como una «nueva y especial voluntad de poder» (*El trabajador*, pág., 70).

Usted ha experimentado y reconocido lo nuevo y especial en el «trabajo» como el carácter total de la realidad de lo real. Por ello es sacado el representar metafísico a la luz de la voluntad de poder más decididamente del ámbito biológico-antropológico, que confundió con demasiada intensidad el camino nietzscheano, lo que puede atestiguar un apunte como el que sigue: «¿Quiénes se mostrarán entonces como *los más fuertes*? (en el ascenso de la doctrina del eterno retorno de lo mismo)..., —hombres, que *son conscientes de su poder* y que representan con orgullo consciente la fuerza *alcanzada* del hombre» (*Voluntad de poder*, n. 55, final). «Dominio» es (*El trabajador*, pág. 192) «hoy sólo posible como representación de la forma de el trabajador, que plantea la exigencia de validez planetaria». «Trabajo» en sentido supremo y que impera en toda la movilización es «representación de la forma de el trabajador» (*o.c.*, pág. 202). «Pero el modo y manera cómo la forma de el trabajador comienza a penetrar el mundo es el carácter total del trabajo» (*o.c.*, pág. 99). Casi idéntica sigue después (*o.c.*, pág. 150) la proposición: «La técnica es el modo y manera en que la forma de el trabajador moviliza el mundo».

Inmediatamente antes va la observación decisiva: «Para poseer una relación real con la técnica hay que ser // algo más que técnico» (*o.c.*, pág. 149). Yo sólo puedo entender la proposición así: por relación «real» usted entiende la relación verdadera. Verdadero es aquello que corresponde a la esencia de la técnica. A través del rendimiento técnico inmediato, es decir, a través del carácter especial del trabajo en cada caso no se alcanzará nunca esa relación esencial. Esta consiste en la relación con el carácter total del trabajo. Sin embargo, el «trabajo» así entendido es idéntico con el Ser en el sentido de la voluntad de poder» (*o.c.*, pág. 86).

¿Qué determinación esencial de la técnica resulta de aquí? Ella es «el símbolo de la forma de el trabajador» (*o.c.* pág. 72). La técnica se funda, «como movilización del mundo por la forma de el trabajador» (*o.c.*, pág. 154), manifiestamente en aquel giro de la trascendencia a la rescendencia de la forma de el trabajador, por el que su presencia se desarrolla en la representación de su poder. Por eso puede usted (*o.c.*) escribir: «la técnica es... como la destructora de toda fe en general, también el poder más decididamente anticristiano que ha aparecido hasta ahora».

Su obra *El trabajador* traza ya en su subtítulo «Dominio y forma» los rasgos fundamentales de aquella nueva metafísica de la voluntad de poder que emerge en totalidad, en la medida en que ésta se presenta ahora por todas partes y plenamente como trabajo. Ya en la primera lectura de esa obra se me suscitaron las preguntas, que también hoy tengo aún que formular: ¿de dónde se determina la esencia del trabajo? ¿Resulta de la forma de el trabajador? ¿de qué es la forma precisamente la del trabajador, si no la domina la esencia del trabajo? ¿Recibe, según esto, esta forma su presencia peculiarmente humana de la esencia del trabajo? ¿De dónde resulta el sentido de trabajo y trabajador en el alto rango que usted otorga a la forma y su dominio? ¿Surge este sentido de que aquí es pensado el trabajo como una acuñación de la voluntad de poder? ¿Proviene esta peculiaridad incluso de la esencia de la técnica «como la movilización del mundo por la forma // de el trabajador»? ¿Y remite finalmente la esencia de la técnica así determinada a ámbitos todavía más originarios?

Con demasiada facilidad pudiera señalarse que en sus exposiciones sobre la relación entre el carácter total de trabajo y la forma de el trabajador, un círculo grapa lo determinante (el trabajo) y lo determinado (el trabajador) en su relación mutua. En lugar de valorar esa referencia como prueba de un pensar ilógico, tomo el círculo como señal de que aquí queda por pensar el orbe de un todo, en un pensar sin duda, para el que no puede ser nunca la regla una «lógica» sujeta a la libertad de contradicción.

Las preguntas suscitadas hace un momento alcanzan una problematicidad todavía más aguda, si las tomo como quise exponérselas hace poco a raíz de mi conferencia en Munich (*La pregunta por la técnica*). Si la técnica es la movilización del mundo por la forma de el trabajador, acontece por la presencia acuñadora de esa especial voluntad de poder particularmente humana. En la presencia y la representación se anuncia el rasgo fundamental de lo que se descubrió al pensar occidental como Ser. «Ser» quiere decir, desde lo griego temprano hasta lo postrero de nuestro siglo: presencia. Toda clase de presencia y presentación proviene del acontecimiento de la presencia. Pero la «voluntad de poder» es, como la efectividad de lo efectivo, una manera del aparecer del «Ser» del ente. «Trabajo», de donde recibe por su parte la forma de el trabajador el sentido, es idéntico con «Ser». Aquí queda por pensar si y en qué medida la esencia del «Ser» es en sí la referencia para con la esencia humana (véase *¿Qué significa pensar?*, pág. 73 y sig.) En esa referencia tuvo que fundarse entonces la relación entre el «trabajo» entendido metafísicamente y el «Trabajador». Me parece que las siguientes preguntas apenas pueden ya soslayarse:

¿Podemos pensar la forma de el trabajador como forma, podemos pensar la ἰδέα platónica como εἶδος todavía más originariamente en su origen esencial? Si no, ¿qué razones prohiben // esto y exigen en lugar de ello que aceptemos simplemente forma e ἰδέα como lo último para nosotros y como lo primero en sí? Si es así, ¿en qué camino puede moverse la pregunta por el origen esencial de la ἰδέα y de la forma? ¿Surge, para decirlo formalmente, la esencia de la forma en el ámbito de origen de lo que llamo el *Ge-Stellt*? [aquí, «in-formación»] ¿Pertenece, según esto, también el origen esencial de la ἰδέα al mismo ámbito del que provino la esencia de la forma próxima a ella? ¿O es el *Ge-Stellt* sólo una forma de un hacer humano? Si éste fuera el caso, entonces seguiría siendo la *esencia* del Ser y además el Ser del ente un hijo del representar humano. La época en la que el pensar europeo pensó así arroja aún las últimas sombras sobre nosotros.

Estas preguntas por la forma y el *Ge-Stellt* quedan de momento como reflexiones singulares. No deben ser impuestas a nadie, sobre todo porque se mantienen todavía en lo preliminar. Tampoco las preguntas son aducidas en esta carta como aquellas que tendrían que haber sido planteadas en *El trabajador*. Exigir esto significaría desconocer el estilo de la obra. Lo que le incumbe es producir la interpretación de la realidad respecto a su carácter total de trabajo, de modo que la interpretación misma forme parte de este carácter y anuncie el carácter especial de trabajo de un autor en esta época. Por eso hay al final del libro en el «Sumario» (pág. 296, nota) las siguientes frases: «Todos esos conceptos (forma, tipo, construcción orgánica, total) están ahí, *nota bene*, para el comprender. No nos importan. Pueden sin más ser olvidados o dejados de lado, después de haber sido utilizados como magnitudes de trabajo para captar una realidad determinada, que está más allá y a pesar de todo concepto; el lector tiene que mirar *a través* de la descripción como por un sistema óptico».

Entre tanto he seguido siempre ese «*nota bene*» al leer sus escritos y me he preguntado si para usted los conceptos, los significados de palabras, y ante todo el lenguaje, sólo podrían ser un «sistema óptico» //, si frente a esos sistemas hay una realidad en sí, de la que los sistemas al igual que aparatos atornillados pueden ser de nuevo quitados y sustituidos por otros. ¿No subyace ya al sentido de «magnitudes de trabajo» el que ellas sólo codeterminan la realidad, el carácter total de trabajo de todo lo real, en la medida en que ellas mismas ya están determinadas por él? Los conceptos están sin duda «para el com-prender ahí». Pero el representar moderno de lo real, la objetivación, en la que se mueve anticipadamente el com-prender, sigue siendo en general un ataque a lo real, en cuanto se le exige a éste que se muestre en el círculo visual del prender representante. La exigencia lleva consigo en el ámbito del com-prender contemporáneo-moderno el que la realidad com-prendida, de improviso, y sin embargo, durante largo tiempo desatendida, pase al contraataque, que sorprenda de repente, y a pesar de Kant, a la ciencia de la naturaleza moderna, y que sólo pueda explicarse esa sorpresa mediante descubrimientos propios dentro del proceder científico como un conocimiento asegurado.

Es cierto que no puede derivarse nunca directamente la relación de indeterminación de Heisenberg de la interpretación kantiana del conocimiento físico de la naturaleza. Pero tampoco puede ser jamás representada, es decir pensada, aquella relación sin que este representar retroceda primero al ámbito trascendental de la relación sujeto-objeto. Cuando esto ha sucedido, sólo entonces comienza la pregunta por el origen esencial de la objetivación del ente, es decir, por la esencia del «comprender».

Sin embargo, en su caso y en el mío no se trata en absoluto sólo de conceptos de una ciencia, sino de palabras fundamentales como forma, dominio, representación, poder, voluntad, valor, seguridad; de la presencia [*Praesenz*] (presencia [*Anwesen*]) y de la Nada, que como ausencia de la presencia quiebra («anonada»), sin aniquilar nunca. En cuanto que la Nada «anonada» se confirma más bien como una presencia distinguida, se encubre en cuanto ésta misma. En las palabras mencionadas impera otro decir que el enunciado científico. Es cierto que el representar metafísico conoce también conceptos. Sin embargo, éstos no son sólo respecto al grado de generalidad distintos de los conceptos científicos. Kant ha sido el primero en ver esto con toda claridad (*Kritik der reinen Vernunft* A 843, B 871). Los conceptos metafísicos son en esencia de otra clase, en cuanto que lo que comprenden y el comprender mismo siguen siendo lo mismo en un sentido originario. Por eso, en el ámbito de las palabras fundamentales del pensar es aún menos indiferente si se les olvida, o si se les sigue usando impertérritamente sin examinar, y sobre todo usadas allí donde debemos salir de la zona en la que aquellos «con-ceptos» mencionados por usted dicen lo decisivo en la zona del nihilismo consumado.

Su escrito *Sobre la línea* habla del nihilismo como «poder fundamental» (pág. 22); plantea la pregunta por el «valor fundamental» futuro (pág. 51); nombra de nuevo la «forma», «también la forma del trabajador» (pág. 65). Esta ya no es, si lo veo bien, la única forma, «en la que mora el sosiego» (*Ibíd*). Usted dice, más bien, (pág. 23) que el ámbito de poder del nihilismo es de una clase tal que allí «falta la aparición principesca del hombre». ¿O es, quizá, la forma del trabajador aquélla «nueva» en la que todavía se oculta el aparecer principesco? También para el ámbito de la línea cruzada lo importante es «la seguridad». También ahora sigue siendo el dolor la piedra de toque. Lo «metafísico» impera también en el nuevo ámbito. ¿Habla aquí la palabra fundamental «dolor» todavía desde la misma significación que delimita su tratado *Sobre el dolor*, en el que la posición de *El trabajador* se lleva hasta el extremo? ¿Mantiene también lo metafísico más allá de la línea el mismo sentido que en *El trabajador*, a saber, el de lo «conformable»? ¿O es que ahora ocupa el lugar de la representación de la forma de una esencia humana, como única forma anterior de legitimación de lo real, el «trascender» hacia una // «trascendencia» y excelencia de especie *no*-humana sino divina? ¿Se manifiesta lo teológico imperante en toda metafísica? (*Sobre la línea*, págs. 26, 31, 33). Cuando usted dice en su escrito *El libro del reloj de arena* (1954), pág. 106: «En el dolor se prueba la forma», entonces usted se mantiene, por lo que veo, en la estructura fundamental de su pensar, pero deja que las palabras fundamentales «dolor» y «forma» hablen en un sentido cambiado, pero todavía no propiamente explicado. ¿O me equivoco?

Sería aquí el lugar de entrar en su tratado *Sobre el dolor* y sacar a la luz la conexión interna entre «trabajo» y «dolor». Esta conexión se muestra en relaciones metafísicas que se le aparecen a usted desde la posición metafísica de su obra *El trabajador*. Para poder dibujar más claramente las relaciones que sustentan la conexión entre «trabajo» y «dolor», sería necesario nada menos que repensar el rasgo fundamental de la metafísica de Hegel, la unidad unitiva de la *Fenomenología del Espíritu* y de la *Ciencia de la Lógica*. El rasgo fundamental es la «absoluta negatividad» como «fuerza infinita» de la realidad, es decir, del «concepto existente». En la misma (no la idéntica) copertenencia para con la negación de la negación manifiestan trabajo y dolor su más íntimo parentesco metafísico. Esa referencia basta ya para indicar qué explicaciones de largo alcance serían aquí exigibles para corresponder a la cosa. Incluso si alguien se atreviera a repensar de nuevo sobre la *Lógica* de Hegel las relaciones entre «trabajo», como el rasgo fundamental del ente, y el «dolor», entonces se hablaría primero de la palabra griega para dolor, o saber ἄλγος. Presumiblemente ἄλγος está emparentado con ἀλέγω, que como intensivo de λέγω significa el congregar íntimo. Entonces el dolor sería lo congregante en lo más íntimo. El concepto hegeliano de «concepto» y su «esfuerzo» correctamente entendido dicen lo mismo en el suelo cambiado de la metafísica absoluta de la subjetividad. //

El que usted haya sido llevado por otros caminos a las relaciones metafísicas entre trabajo y dolor es un bello testimonio de cómo intenta oír, al modo de su representar metafísico, la voz que se percibe desde aquellas relaciones.

¿En qué lenguaje habla el plano del pensar que delinea un cruce de la línea? ¿Debe ser salvado más allá de la línea crítica el lenguaje de la metafísica de la voluntad de poder, de la forma y de los valores? ¿Y cómo, si precisamente el lenguaje de la metafísica y la metafísica misma, ya sea la del dios vivo o muerto, *en cuanto* metafísica constituyeron aquella barrera que impide un cruce de la línea, es decir, la superación del nihilismo? Si así fuera, ¿no tendría entonces que derivar necesariamente el cruce de la línea en una transformación del decir y exigir una relación cambiada para con la esencia del lenguaje? ¿Y no es su propia relación para con el lenguaje de una especie tal que le exige a usted también otra caracterización del lenguaje conceptual de las ciencias? Si uno se representa a menudo ese lenguaje como nominalismo, es que se sigue todavía enredado en la concepción lógico-gramatical de la esencia del lenguaje.

Escribo todo esto en forma de preguntas pues, por lo que veo, no alcanza a más un pensar hoy, sino a meditar incansablemente lo que suscita las citadas preguntas. Tal vez llegue el momento en que se muestre más distintamente a una luz más clara la esencia del nihilismo por otros caminos. Hasta aquí me contento con la suposición de que podríamos reflexionar sobre la esencia del nihilismo sólo de manera que emprendiéramos antes el camino que lleva a una explicación de la esencia del Ser. Sólo por ese camino puede explicarse la pregunta por la Nada. *Pero la pregunta por la esencia del Ser se extingue si no abandona el lenguaje de la metafísica, porque el representar metafísico impide pensar la pregunta por la esencia del Ser. //*

Podría resultar obvio que la transformación del decir, que medita sobre la esencia del Ser, tiene otras exigencias que la sustitución de una vieja terminología por una nueva. El que presumiblemente un esfuerzo para aquella transformación siga siendo torpe durante largo tiempo, no es motivo suficiente para dejarlo. Hoy está especialmente cercana la tentación de estimar la discreción del pensar por el tiempo del cálculo y de la planificación, que justifica inmediatamente en cualquiera sus hallazgos técnicos por el éxito económico. Esta depreciación del pensar le sobreexige con módulos que le son extraños. Al mismo tiempo, se le supone al pensar la pretensión arrogante de saber la solución de los enigmas y de traer la salvación. Frente a ello merece el pleno asentimiento cuando usted señala la necesidad de dejar fluir todas las fuentes de energía aún intactas, y poner en práctica cualquier ayuda para mantenerse «en la vorágine del nihilismo».

Sin embargo, no por ello debemos prestar menos atención a la explicación de la *esencia* del nihilismo, aunque sólo sea porque el nihilismo está interesado en disimular su propia esencia, y así sustraerse a la discusión decisiva de todo.

Sólo ésta podría ayudar a abrir un nuevo ámbito y a preparar el donde se experimente lo que usted llama «una nueva donación del Ser» (*Sobre la línea*, pág. 53).

Usted escribe: «el instante en que se pasa la línea trae una nueva donación del Ser y con ello comienza a relampaguear lo que es real».

La frase es fácil de leer, pero difícil de pensar. Ante todo quisiera preguntar, si no es más bien a la inversa, que sólo la nueva donación del Ser trae el instante para el paso de la línea. La pregunta parece sólo invertir su frase. Pero el mero invertir es siempre un hacer capcioso. La solución que quisiera ofrecer sigue estando enredada en la pregunta que ha invertido. Su frase dice que lo «que es real», por tanto lo real, es decir, el ente comienza a relampaguear, // porque el Ser nuevamente se dona. Por eso, preguntamos ahora más adecuadamente, si «el Ser» es algo por sí y si además y a menudo también se dona a los hombres. Presumiblemente es la donación misma, pero todavía de modo encubierto, aquello que nosotros bastante perpleja e indeterminadamente llamamos «el Ser». ¿Pero no tiene lugar semejante donación también y de un modo extraño bajo el dominio del nihilismo, a saber, en el modo de que «el Ser» se aparta y se sustrae en la ausencia? Apartamiento y sustracción no son, sin embargo, nada. Imperan casi más apremiantemente sobre el hombre, de modo que le arrastran consigo, aspiran su esfuerzo y actuación y, finalmente, los absorben de tal modo en la vorágine extractora que el hombre puede opinar que tan sólo se encuentra consigo mismo. Pero, en verdad, su sí-mismo ya no es sino el desgaste de su ek-sistencia bajo el dominio de eso que usted caracteriza como el carácter total del trabajo.

Sin duda, y si prestamos suficiente atención a ellas, la donación y la retirada del Ser no se dejan representar, como si sólo afectaran de vez en cuando y por instantes a los hombres. La esencia humana consiste más bien en que siempre así como así se mantiene y vive en la donación. Decimos siempre del «Ser mismo» *demasiado poco*, si al decir «el Ser», omitimos la pre-sencia *para* la *esencia* humana, y con ello desconocemos que esa esencia misma forma parte de «el Ser». Decimos también siempre *demasiado poco* del hombre, si al decir «el Ser» (no el ser humano), ponemos el hombre para sí, y lo así puesto lo ponemos entonces otra vez en relación con el «Ser». Pero también decimos *demasiado*, si pensamos en el Ser como lo omniabarcante y con ello representamos al hombre sólo como un ente especial entre otros (plantas, animales) y a ambos los ponemos en relación; pues ya en la esencia humana está la relación para con lo que, a través de la relación, el relacionar en sentido de necesitar, determina como «Ser» y así es sustraído a su supuesto «en y por sí». El discurso sobre el «Ser» persigue el representar // de una perplejidad a la otra, sin que se pueda mostrar la fuente de este desconcierto.

Pero todo va inmediatamente, al parecer, en la mejor dirección, si no descuidamos adrede lo pensado hace mucho tiempo: la relación-sujeto-objeto. Dice que a cada sujeto (hombre) le pertenece un objeto (Ser) y a la inversa. Cierto; si no fuera porque esa totalidad —la relación, el sujeto, el objeto—, se basa ya en la esencia de eso que, como se mostró, nos representamos de manera enteramente insuficiente como relación entre Ser y hombre. Subjetividad y objetividad se fundan ya por su parte en una peculiar apertura del «Ser» y de la «esencia humana». Ella estabiliza el representar en la distinción de los dos como objeto y sujeto. Ésta vale desde entonces como absoluta y confina al pensar en un callejón sin salida. Una posición del «Ser», que quisiera nombrar a «el Ser» teniendo en consideración la relación-sujeto-objeto, no medita lo que ya queda impensado en lo problemático. Y así queda pues el discurso sobre una «donación del Ser» como un recurso de urgencia y enteramente problemático, porque el Ser consiste en la donación, de modo que ésta nunca puede acceder al Ser.

Presencia («Ser») es como presencia a veces presencia para la esencia humana, en la medida en que presencia es orden, que ocasionalmente llama a la esencia humana. La esencia humana es en cuanto tal, oyente, porque pertenece a la orden que llama, a la pre-sencia. ¿Éste siempre «lo mismo», la copertenencia de llamada y escucha, sería entonces «el Ser»? ¿Qué digo? Ya no hay «Ser» en absoluto, —si intentamos imaginar plenamente «Ser», tal como impera como destino, a saber, como presencia, que es el único modo de que correspondamos su esencia como destino—. Entonces tendríamos que dejar ir tan decididamente a la palabra aislante y separante, «el Ser», como al nombre «el hombre». La pregunta por la relación de ambos se descubrió como insuficiente porque nunca llega al ámbito de lo que quisiera preguntar. En verdad no podemos ni siquiera // ya decir, que «el Ser» y «el hombre» sean lo mismo en el sentido de que *ellos* se copertenezcan; pues al decir *así*, les seguimos dejando a ambos ser para sí.

Pero ¿por qué menciono en una carta sobre la esencia del nihilismo consumado estas cosas circunstanciales y abstractas? Por una parte, para indicar que no es en absoluto más fácil decir [*sagen*] «el Ser», que hablar [*sprechen*] de la Nada; pero después, para mostrar de nuevo cómo ineludiblemente aquí todo depende del correcto decir, de aquel Λόγος, cuya esencia no es capaz nunca de experimentar la Lógica y Dialéctica que proviene de la metafísica.

¿Depende del «Ser» —la palabra nombra ahora por un instante aquella mismidad problemática, en que la esencia del Ser y la esencia del hombre se copertenecen—, depende del «Ser» que en la correspondencia para con él nuestro decir fracase y sólo quede lo que de manera excesivamente precipitada se sospecha con la etiqueta «mística»? ¿O depende de nuestro decir que no lo hable todavía porque todavía no es capaz de adaptarse a una correspondencia para la esencia del «Ser»? ¿Se deja al capricho de los dicentes, qué lenguaje de palabras fundamentales hablan en el instante del cruce de la línea, es decir, en el traspasar de la línea crítica del nihilismo consumado? ¿Basta con que ese lenguaje sea entendido por todos, o imperan aquí otras leyes y medidas que son tan singulares como el instante histórico-mundial de la consumación planetaria del nihilismo y de la dis-cusión de su esencia?

Éstas son preguntas que apenas comienzan nos parecen tan dignas de ser preguntadas que nos sentimos en ellas como en casa y no las dejamos ya más, incluso a riesgo de tener que abandonar hábitos arraigados de pensar en el sentido del representar metafísico y de atraerse el desprecio de toda sana razón.

Éstas son preguntas que en el paso «sobre la línea» muestran todavía una especial agudeza; pues este paso se mueve en el // ámbito de la Nada. ¿Desaparece la Nada con la consumación o, al menos, con la superación del nihilismo? Presumiblemente sólo se llega a esta superación si en lugar de la apariencia de la Nada anonadante llega la esencia de la Nada transformada en el «Ser» y puede alojarse en nosotros mortales.

¿De dónde viene esta esencia? ¿Dónde tenemos que buscarla? ¿Cuál es el lugar de la Nada? No preguntamos irreflexivamente demasiado cuando buscamos el lugar y explicamos la esencia de la línea. Pero, ¿no es esto sino el intento de dar lo que usted exige: «una buena definición del nihilismo»? Parece como si se continuara el pensar en un círculo mágico, traído e incluso burlado alrededor de lo mismo, pero sin poderse alimentar de ese algo. Pero quizá es el círculo una espiral oculta. Quizá se ha estrechado ésta mientras tanto. Esto significa: el modo y manera según las cuales nos acercamos a la esencia del nihilismo se transforma. La bondad de la «buena definición» exigida con todo derecho, encuentra su acreditación en que abandonemos el querer definir, en la medida en que éste tiene que afirmarse en proposiciones enunciativas en las que se extingue el pensar. Pero sigue siendo una ganancia menor, ya que es sólo negativa, si aprendemos a reparar que sobre la Nada y el Ser y el nihilismo, sobre su esencia y sobre la esencia (verbal) de la esencia (nominal) no puede dispensarse ninguna información que bajo la forma de proposiciones enunciativas pueda estar al alcance de la mano.

Pero sigue siendo una ganancia cuando experimentamos que aquello para lo que debe valer una buena definición, la esencia del nihilismo, nos remite a un ámbito que exige otro decir. Si pertenece al «Ser» la donación, y además de modo que aquél consiste en ésta, entonces se disuelve el «Ser» en la donación. Ésta se vuelve ahora lo digno de ser preguntado, y que como tal es pensado de aquí en adelante el Ser, que ha vuelto a su esencia y fusionado en ella. De acuerdo con esto la previsión pensante en este ámbito sólo puede aún escribir el «Ser» de la manera siguiente//: el S̶e̶r̶. La tachadura en forma de cruz sólo proviene de modo inmediato, a saber, del hábito casi inextirpable de representar «el Ser» como un enfrente que existe por sí mismo, y que entonces sólo a veces sale al encuentro de los hombres. Conforme a esta representación tiene entonces la apariencia de como si el hombre fuera excluido del «Ser». Sin embargo, no sólo no es excluido, es decir, no sólo es comprendido en el «Ser», sino que «Ser» es quien, necesitando la esencia humana, está obligado a abandonar la apariencia del para-sí, por lo que es también de esencia distinta de lo que quisiera reconocer la representación de un conjunto que abarca la relación-sujeto-objeto.

Es evidente que, según lo dicho, el signo de cruzar no puede ser un mero signo negativo de tachadura. Señala, más bien, las cuatro regiones del cuadrado y su reunión en el lugar del cruce. (Véase, *Vorträge und Aufsätze*, 1954, págs. 145-204).

La pre-sencia se vuelve, en cuanto tal, hacia la esencia humana donde se consuma la donación, en la medida en que aquélla, la esencia humana, se acuerda de ella. El hombre es en su esencia la memoria del Ser, pero del S̶e̶r̶. Esto significa: que la esencia humana pertenece a lo que en la tachadura del Ser en forma de cruz requiere el pensar como mandato originario.[1] La pre-sencia funda en la donación, que en cuanto tal gasta en sí la esencia humana, el que la derroche para ella.

Igual que el S̶e̶r̶, así tendría también que ser escrita, es decir, pensada, la Nada. Importa aquí:

---

1. Primera edición 1956: *Ereignis* [acontecimiento].

a la Nada pertenece, no como aditamento, la esencia humana que recuerda. Si, por tanto, la Nada alcanza a dominar de un modo particular en el nihilismo, entonces el hombre no sólo está afectado por el nihilismo, sino que participa esencialmente de él. Pero entonces tampoco está toda la «consistencia» humana en algún lugar más acá de la línea, para luego cruzarla y establecerse más allá de ella en el Ser. // La esencia humana pertenece ella misma a la esencia del nihilismo y, por tanto, a la fase de su consumación. El hombre, en cuanto aquella esencia usada en el S̶e̶r, forma parte de la zona del S̶e̶r, y esto quiere decir, al mismo tiempo de la Nada. El hombre no sólo está *en* la zona crítica de la línea. Él mismo *es*, pero no para sí y en absoluto por sí, esa zona y por tanto la línea. En ningún caso es la línea, pensada como signo de la zona del nihilismo consumado, aquello que está frente al hombre como algo rebasable. Pero entonces también cae la posibilidad de un *trans lineam* y de su cruce.

Cuanto más reflexionamos sobre «la línea» tanto más desaparece esta imagen inmediatamente accesible, sin que los pensamientos que se encienden en ella tengan que perder su significado. En el escrito *Sobre la línea* da usted una descripción local del nihilismo y un juicio de la situación y de la posibilidad de movimiento del hombre respecto al lugar descrito y designado por la imagen de la línea. Es cierto que se necesita una topografía del nihilismo, de su proceso y de su separación. Pero a la topografía tiene que preceder una topología: la explicación de aquel lugar que reúne el Ser y la Nada en su esencia, que determina la esencia del nihilismo, y así permite conocer los caminos en los que se esbozan los modos de una posible superación del nihilismo.

¿Adónde pertenecen Ser y Nada, entre los cuales desarrolla jugando el nihilismo su esencia? En el escrito *Sobre la línea* (pág. 39 y sigs.) menciona usted como una característica fundamental de las corrientes nihilistas «la reducción»: «La abundancia se agota: el hombre se siente como explotado en múltiples relaciones y no sólo económicas». Pero usted añade con razón: «Esto no excluye que ella (la reducción) esté unida en amplios tramos al creciente despliegue de poder y fuerza de penetración», como tampoco la desaparición «es únicamente desaparición» (pág. 39). //

¿Qué dice esto sino que el movimiento hacia un «siempre-menos» en plenitud y originariedad dentro del ente en totalidad, no sólo es acompañado sino determinado por un crecimiento de la voluntad de poder? La voluntad de poder es la voluntad que *se* quiere. Como tal voluntad y en su orden aparece, temprano prefigurado e imperante de diversos modos, aquello que representado desde el ente, le sobrepasa y dentro del sobrepasar retroactúa sobre el ente, ya sea como el fundamento del ente, ya sea como su causación. La reducción constatable dentro del ente consiste en una producción del Ser, a saber, en el despliegue de la voluntad en la voluntad incondicionada de la voluntad. La desaparición, la ausencia, está determinada desde una presencia y por ésta. Ella precede a todo lo que desaparece, lo sobrepasa. Así pues también impera allí, donde el ente se esfuma, no sólo este por sí, sino anteriormente otro de modo determinante. Por todas partes está el sobrepasar que vuelve sobre el ente, el «*transcendens* absoluto» (*Ser y Tiempo*, § 7), «el Ser» del ente. Sobrepasar es la metafísica misma, por lo que este nombre no significa ahora una doctrina y disciplina de la filosofía, sino esto, el que «hay» aquel sobrepasar (*Ser y Tiempo*, § 43c). Está dado en la medida en que está puesto, es decir destinado, en el camino de su imperar. La plenitud y subitaneidad incalculables de eso que se despliega como sobrepasar, es lo que se llama el destino de (genitivo objetivo) la metafísica.

Conforme a este destino el representar humano mismo se vuelve metafísico. Las representaciones metafísicas del ente pueden ser expuestas históricamente en su sucesión como un acontecer. Pero este acontecer no es la historia del Ser, sino que éste impera como el destino del sobrepasar. Que y cómo «hay» el Ser del ente es la meta-física en el sentido indicado.

La Nada pertenece, aunque sólo la pensemos en el sentido del no pleno de lo presente, au-sente a la presencia // como una de sus posibilidades. Si con ello la Nada impera en el nihilismo y la esencia de la Nada pertenece al Ser, pero el Ser es el destino del sobrepasar, entonces se muestra como lugar esencial del nihilismo la esencia de la metafísica. Esto sólo puede decirse en y mientras tanto que experimentamos la esencia de la metafísica como el destino del sobrepasar.

¿En qué consiste, pues la superación [*Überwindung*] del nihilismo? En la convalecencia [*Verwindung*] de la metafísica. Esto es un pensamiento chocante. Se intenta eludirlo. Hay menos ocasión todavía de suavizarlo. Sin embargo, la aceptación de aquel pensamiento encontrará menos resistencia si tenemos en cuenta que a consecuencia de él la esencia del nihilismo no es nada nihilista, y que no se le sustrae nada a la vieja dignidad de la metafísica si su propia esencia esconde en sí misma el nihilismo.

Según esto, habría que buscar la zona de la línea crítica, es decir, la localidad de la esencia del nihilismo consumado, allí donde la esencia de la metafísica despliega sus posibilidades extremas, y se recoge en ellas. Esto acontece allí donde la voluntad de la voluntad únicamente quiere, es decir, exige, *coloca* a todo presente sólo en la colocabilidad general y uniforme de su existencia. En cuanto reunión incondicionada de semejante colocar no desaparece el S̶e̶r̶. Irrumpe en una inhospitalidad única. En la desaparición y en la reducción se muestra sólo lo de antiguo presente, que aún no ha capturado la voluntad de la voluntad, sino que ha dejado todavía en la voluntad del espíritu y de su automovimiento total, en el que se mueve el pensar de Hegel.

La desaparición de lo antiguamente presente no es un desaparecer de la presencia. Por el contrario, más bien ésta se sustrae. Sin embargo, la sustracción permanece oculta al representar determinado nihilistamente. Da la impresión de que se bastara a sí mismo lo presente en el sentido de lo consistente. Su consistencia y lo que coloca en semejante constancia, la pre-sencia de lo presente, aparecen cuando se habla de ello como una invención del pensar errático, que ante el puro «Ser» // ya no es capaz de ver el ente, la pretendida única «realidad».

En la fase del nihilismo consumado parece como si ya no hubiera algo así como *Ser* del ente, como si no pasara nada con el Ser (en el sentido de la Nada anonadante). S̶e̶r̶ queda fuera de un modo extraño. Se esconde. Se mantiene en un ocultamiento que él mismo se oculta. Sin embargo, en semejante ocultar consiste la esencia del olvido experimental al modo griego. No es al final, es decir, desde el comienzo de su esencia, nada negativo, sino que presumiblemente como o-cultamiento es un ocultar, que encierra lo todavía no desocultado. Para el representar corriente cae fácilmente el olvido en la apariencia de la mera omisión, de la carencia y de lo precario. Según la costumbre, tomamos el olvidar y el olvido exclusivamente como un descuido, que bastante a menudo se puede encontrar como un estado del hombre representado en sí mismo. Todavía estamos bastante lejos de una determinación de la esencia del olvido. Pero, incluso allí donde hemos visto la esencia del olvido en su amplitud, caemos demasiado fácilmente en el peligro de entender el olvido como un hacer y dejar sólo humanos.

Pues el «olvido del Ser» se ha representado también tan repetidamente que, para decirlo con una imagen, el Ser es el paraguas que el olvido de un profesor de filosofía ha dejado abandonado en cualquier sitio.

Entre tanto, el olvido no sólo *invade*, como aparentemente separado de él, la esencia del Ser. Pertenece a la cosa del Ser mismo, impera como destino de su esencia. El olvido correctamente pensado, el ocultamiento de la esencia (verbal) todavía no desocultada del S̶e̶r̶, esconde tesoros no extraídos y es la promesa de un hallazgo que sólo espera el buscar adecuado. Para sospechar esto no se necesita un don profético ni los ademanes de pregoneros, sino sólo de la atención practicada durante décadas sobre lo sido que se anuncia en el pensar metafísico de Occidente. // Esto sido se encuentra en el signo del no-ocultamiento de lo presente. El no-ocultamiento consiste en el ocultamiento de la presencia. A *este* ocultamiento, en el que se funda el no-ocultamiento ('Αλήθεια) va dirigido el recuerdo. Recuerda aquello sido que no ha pasado, porque lo no pasado permanece en toda duración, que prolonga el acontecimiento del S̶e̶r̶.

La torsión de la metafísica es torsión del olvido del Ser. La torsión se orienta hacia la esencia del Ser. La abarca a través de aquello que exige esa esencia misma, en la medida en que reclama aquel ámbito que la eleva a lo libre de su verdad.

Para corresponder a la torsión de la metafísica, el pensar tiene que aclarar primero la esencia de la metafísica. A semejante intento aparece de modo inmediato la torsión de la metafísica como una superación, que sólo pospone el representar exclusivamente metafísico para conducir al pensar a lo libre de la esencia torsionada de la metafísica. Pero sólo propiamente en la torsión vuelve la verdad permanente de la metafísica aparentemente expulsada como su *esencia* ahora reapropiada.

Aquí acontece algo distinto a una mera restauración de la metafísica. Además, no hay ninguna restauración que pudiera tomar lo transmitido como se recoge una manzana caída del árbol. Toda restauración es interpretación de la metafísica. Quien hoy cree penetrar y seguir más claramente el preguntar metafísico en la totalidad de su índole e historia, debería, ya que se mueve tan a gusto con superioridad en espacios luminosos, reflexionar algún día sobre de dónde ha tomado la luz para un ver más claro. Ya apenas puede superarse lo grotesco de que se proclamen mis intentos en el pensar como derribo de la metafísica y que al mismo tiempo se detenga con ayuda de aquellos intentos en caminos de pensar y representaciones que ha tomado —por no decir, que debe agradecer— a aquel supuesto derribo. No // es necesario aquí ningún agradecimiento, pero si una meditación. Pero la falta de meditación comenzó ya con la malinterpretación superficial de la «destrucción» explicada en *Ser y*

Tiempo (1927), que no conoce otro interés sino el de recuperar las experiencias originarias del Ser de la metafísica vueltas corrientes y vacías en la desconstrucción.

Sin embargo, para salvar la metafísica en su esencia la participación de los mortales en esta salvación tiene que limitarse a preguntar primero una vez más: «¿Qué es metafísica?» A riesgo de resultar prolijo y, por otra parte, de repetir lo dicho, quisiera aprovechar la oportunidad de esta carta para explicar una vez más el sentido y alcance de aquella pregunta. ¿Por qué? Porque también es interés *suyo* el ayudar a su manera en la superación del nihilismo. Pero tal superación acontece en el espacio de la torsión de la metafísica. Pisamos ese espacio con la pregunta: «¿Qué es metafísica?» La pregunta contiene ya, preguntada reflexivamente, el presentimiento de que su propio estilo de preguntar vacila por sí mismo. «¿Qué es...?» muestra el modo por el que se acostumbra a preguntar por la «esencia». Pero si, sin embargo, lo que persigue la pregunta es explicar el sobrepasar del Ser sobre el ente, entonces se vuelve problemático con el Ser sobrepasante al mismo tiempo lo distinto de aquella distinción, en la que se mueven desde antaño las doctrinas de la metafísica, y de donde reciben el compendio de su lenguaje. Ésta es la distinción de esencia y existencia, de lo que es y que es.

La pregunta: «¿Qué es metafísica?» hace primero ingenuamente uso de esta distinción. Pero en seguida se muestra la meditación sobre el sobrepasar del Ser sobre el ente como una de aquellas preguntas, que se tienen que clavar ellas mismas en el corazón, no para que el pensar muera de ello, sino para que viva transformado. Cuando yo intenté explicar la pregunta «¿Qué es metafísica?» —sucedió un año antes de la aparición de su tratado *La movilización total*—, no buscaba de antemano una definición de una disciplina de la filosofía de escuela. Más bien expliqué yo, respecto a la determinación de la metafísica, hacia dónde acontece en ella el sobrepasar sobre el ente hacia él como tal, una pregunta que piensa lo otro para el ente. Pero tampoco esta pregunta fue cogida al azar y preguntada hacia lo indeterminado.

Después de un cuarto de siglo era llegado el tiempo de llamar la atención sobre un hecho sobre el que aun hoy se pasa de largo, como si fuera una circunstancia externa. La pregunta «¿Qué es metafísica?» fue expuesta en una lección filosófica inaugural ante todas las Facultades reunidas. Se plantea pues en el círculo de todas las ciencias y les habla. Pero, ¿cómo? No con intención arrogante de mejorar o de incluso rebajar su trabajo.

El representar de las ciencias se dirige en general al ente y en especial a ámbitos particulares del ente. Se trataba de partir de ese representar del ente, y siguiéndolo, de abandonar una opinión cercana a las ciencias. Piensan que con la representación del ente se ha agotado todo el ámbito de lo investigable y preguntable, y que fuera del ente no hay «nada». Esta opinión de las ciencias es tomada a modo de prueba por la pregunta por la esencia de la metafísica y, al parecer, compartida con ellas. Entre tanto, cada reflexionante tiene también que saber ya que un preguntar por la esencia de la metafísica únicamente puede tener presente lo que caracteriza a la metafísica: esto es el sobrepasar: *el Ser del* ente. En el círculo visual del representar metafísico, que sólo conoce el ente, sólo puede ofrecerse por el contrario aquello que no es en absoluto un ente (a saber el Ser) como Nada. Por eso pregunta la lección por «*esta* Nada». No pregunta caprichosamente en lo indeterminado por «la» Nada. Pregunta: ¿qué pasa con eso completamente distinto de todo ente, con lo que no es un ente? Con ello se muestra: el «ser ahí» [*Dasein*] del hombre // está «contenido» en *esta* «Nada», en lo enteramente otro para el ente. Dicho de otro modo, esto significa y sólo puede significar: «el hombre es el acomodador de la Nada». La frase dice: el hombre deja libre el lugar para lo enteramente otro para con el ente, de modo que en su apertura pueda darse algo así como pre-sencia (Ser). Esta Nada, que no es el ente y que, sin embargo, *la hay*, no es nada anonadante. Pertenece a la presencia. No hay Ser y Nada juntos. Lo uno se emplea para lo otro en una familiaridad cuya plenitud esencial apenas hemos pensado todavía. Tampoco la pensamos cuando descuidamos preguntar: ¿a qué «la» se refiere, que «hay» aquí? ¿En qué haber la hay? En qué medida pertenece a ese «hay Ser y Nada» lo que se abandona a esa dación en cuanto que la encierra? Decimos a la ligera: hay. El Ser «es» tan poco como la Nada. Pero *hay* ambos.

Leonardo da Vinci escribe: «La Nada no tiene ningún centro y sus límites son la Nada» —«Entre las grandes cosas que se encuentran entre nosotros es el Ser de la Nada la máxima». (*Diarios y anotaciones*. De los manuscritos italianos traducido y editado por Theodor Lücke, 1940, pág. 4 y sigs.). La palabra de este grande no puede ni debe demostrar nada; pero apunta las preguntas: ¿De qué modo hay Ser, hay Nada? ¿De dónde nos viene semejante haber? ¿En qué medida estamos ya inútilmente ante ello en cuanto que somos seres humanos?

Puesto que la lección «¿Qué es metafísica?», conforme a la ocasión aprovechada con intencionada limitación, pregunta desde la perspectiva del sobrepasar, es decir, del *Ser del* ente, por *aquella* Nada, que se ofrece inmediatamente al representar científico del ente, por eso se ha recogido de la conferencia «la» Nada y se la ha convertido en un documento del nihilismo. Después de un tiempo prudencial debería por fin permitirse ahora la pregunta: ¿dónde, en qué frase y en qué giro se dijo alguna vez, que la Nada mencionada en la lección // fuera la Nada en el sentido de la Nada anonadante y en cuanto tal la primera y última meta de todo representar y existir?

La lección finaliza con la pregunta: «¿Por qué hay en general ente y no Nada?» Aquí se escribe intencionadamente y contra la costumbre

«Nada» con mayúscula. Sin duda, que según el tenor literal aquí se formula la pregunta que Leibniz ha planteado y Schelling retomado. Ambos pensadores la entienden como la pregunta por el fundamento supremo y la primera causa existente para todo ente. Los intentos actuales de restaurar la metafísica retoman con predilección la pregunta descrita.

Pero la lección «¿Qué es metafísica?» piensa también, conforme a su camino por otro ámbito trazado de manera distinta, esa pregunta en un sentido cambiado. Su pregunta ahora: ¿De qué depende el que generalmente sólo el ente tenga la preeminencia, el que no se piense antes el No del ente, «esta Nada», es decir, el Ser respecto a su esencia? Quien repiensa la lección como un tramo del camino de *Ser y Tiempo*, sólo puede entender la pregunta en el sentido mencionado. Intentar esto era de modo inmediato una pretensión extraña. Por eso fue comentada explícitamente la pregunta modificada en la «Introducción» (págs. 20 y sigs.) que es antepuesta a la quinta edición de *¿Qué es metafísica?* (1949).

¿Qué significa esta referencia? Debe significar qué torpe y a disgusto se entrega el pensar a una meditación que medite sobre lo que también sigue siendo el interés de su escrito *Sobre la línea*: la esencia del nihilismo.

La pregunta «¿Qué es metafísica?» sólo intenta una cosa: llevar a las ciencias a reflexionar sobre el que ellas necesariamente, y por eso siempre y en todas partes, topan con lo enteramente otro para el ente, con la Nada en el ente. Están ya, sin *su* saber, en relación para con el Ser. Reciben sólo de la a veces imperante verdad del Ser una luz para poder ver y considerar entonces *en cuanto tal* el ente por ellas representado //. El preguntar «¿Qué es metafísica?», es decir, el pensar que proviene de ella ya no es ciencia. Pero para el pensar se vuelve ahora el pensar como tal, es decir, *el Ser del* ente problemático respecto a su esencia y, por tanto, nunca indigno y nulo. La palabra «Ser» aparentemente vacía es pensada siempre ahí en la plenitud esencial de aquellas determinaciones que desde la Φύσις y el Λόγος hasta la voluntad del poder se remiten unas a otras y muestran en todas partes un rasgo fundamental que se intenta nombrar en la palabra «pre-sencia» (*Ser y Tiempo*, § 6). Sólo *porque* la pregunta «¿Qué es metafísica?» piensa de antemano en el sobrepasar, en el *transcendens*, en el *Ser del* ente, puede pensarse el No del ente, *aquella* Nada que con igual originariedad es lo mismo que el Ser.

Sin duda, quien no haya pensado seriamente nunca y en conexión la dirección fundamental de la pregunta por la metafísica, la salida de su camino, la ocasión de su desarrollo, el círculo de las ciencias a las que se dirige, tiene que sucumbir a la información de que aquí se expone una filosofía de la Nada (en el sentido del nihilismo negativo).

Los malentendidos aparentemente todavía no extirpables de la pregunta «¿Qué es metafísica?»

y el desconocimiento de su posición son en mínima parte sólo consecuencias de una aversión contra el pensar. Su origen está oculto más profundamente. Pertenecen a los fenómenos que iluminan nuestra marcha histórica: nos movemos aún con toda la consistencia dentro de la zona del nihilismo, supuesto desde luego que la esencia del nihilismo consiste en el olvido del Ser.

¿Qué pasa, pues, con el cruce de la línea? ¿Conduce fuera de la zona del nihilismo consumado? El intento de cruce de la línea queda confinado a un representar que pertenece al ámbito de dominio del olvido del Ser. Por ello lo expresa también en conceptos metafísicos fundamentales (forma, valor, trascendencia). //

¿Puede hacer suficientemente intuitiva la imagen de la línea la zona del nihilismo consumado? ¿Va mejor con la imagen de la zona?

Surgen dudas sobre si imágenes semejantes son apropiadas para hacer intuitiva la superación del nihilismo, es decir, la torsión del olvido del Ser. Pero presumiblemente toda imagen está expuesta a tales dudas. Sin embargo, no pueden atentar contra la fuerza iluminadora de las imágenes, contra su presente originario e ineludible. Consideraciones de tal género prueban sólo qué poco versados estamos en el decir del pensar y qué poco conocemos su esencia.

La esencia del nihilismo que se consuma por último en el dominio de la voluntad de la voluntad, consiste en el olvido del Ser. A él parecemos corresponder antes que nada cuando lo olvidamos y esto quiere decir aquí: lo despreciamos. Pero de ese modo no prestamos atención a lo que quiere decir olvido como ocultamiento del S̶e̶r̶. Si prestamos atención a ello, entonces experimentamos la desconcertante necesidad: en lugar de querer superar el nihilismo tenemos que intentar primero entrar en su *esencia*. La entrada en su esencia es el primer paso por el que dejamos tras de nosotros el nihilismo. El camino de esta entrada tiene la dirección y la índole de una retirada. No quiere sin duda decir una retirada a tiempos muertos para intentar reavivarlos de una forma artificiosa. El hacia atrás nombra aquí la dirección hacia aquella posición (el olvido del Ser) desde la que recibe y mantiene ya la metafísica su origen.

Conforme a este origen le queda prohibido a la metafísica el experimentar en cuanto metafísica nunca su esencia; pues para el sobrepasar y dentro de él se *muestra* al representar metafísico el *Ser* del ente. Apareciendo de semejante manera reivindica propiamente al representar metafísico. No es extraño que éste rechace el pensamiento de que se mueve en el *olvido* del Ser. //

Y sin embargo, una meditación suficiente y perseverante gana la visión: la metafísica no permite nunca por su esencia al habitar humano el establecerse propiamente en la localidad, es decir, en la esencia del olvido del Ser. Por ello tiene el pensar y poetizar que volver allí donde, en cierto modo, siempre ya ha estado y sin embargo aún no construyó. Sin embargo, nosotros sólo podemos por medio de un construir preparar el habitar en aquella localidad. Semejante construir apenas puede ya meditar sobre la erección de la casa para el dios y de las moradas para los mortales. Tiene que contentarse con edificar junto al *camino* que trae la vuelta a la localidad de la torsión de la metafísica y por ello permite recorrer lo destinal de una superación del nihilismo.

Quien se atreve a hablar así, y además en escrito público, sabe de sobra cuán precipitada y fácilmente este decir, que quisiera dar ocasión a una meditación, es suprimido como si fuera una oscura murmuración o un altivo pronóstico. Prescindiendo de ello, tiene que pensar el estudioso perseverante en examinar más originariamente y con más cuidado el decir del pensar rememorante. Un día llega a dejar este decir en lo pleno de misterio como regalo máximo y máximo peligro, como raramente conseguido y a menudo frustrado.

Aquí reconocemos por qué todo decir de esta índole se sigue esforzando en lo que carece de ayuda. Camina siempre a través de la ambigüedad de la palabra y sus giros. La ambigüedad del decir no consiste en absoluto en una mera acumulación de significados que emergen caprichosamente. Consiste en un juego que cuanto más ricamente se desarrolla tanto más rígidamente se atiene a una escondida regla. Por ésta juega la ambigüedad en lo equilibrado, cuyo balanceo raramente experimentamos. Por ello queda el decir ligado a la suprema ley. Ésta es la libertad que libera en la textura, que está en todas partes en juego, de la transformación nunca en reposo. La ambigüedad de aquellas palabras, que «brotan como flores» (Hölderlin, «Pan y vino»), es el jardín de lo silvestre, donde crecimiento // y cuidado están sintonizados desde una intimidad incomprensible. No le extrañará a usted que la explicación de la esencia del nihilismo afecte ineludiblemente en cualquier lugar del camino a lo incitante digno de pensar, que nosotros de modo bastante torpe llamamos la cosa del pensar. Este decir no es la expresión del pensar, sino él mismo, su paso y cántico.

¿Qué quisiera esta carta? Intenta elevar a una ambigüedad superior el epígrafe *Sobre la línea*, es decir todo lo que permite mostrar en su y mi sentido descrito y en el decir que escribe. Esto permite experimentar en qué medida la superación del nihilismo exige la entrada en su esencia, con cuya entrada el querer superar se vuelve caduco. La torsión de la metafísica llama al pensar en un mandato más originario.

Su enjuiciamiento de la situación *trans lineam* y mi exposición *de linea* se necesitan mutuamente. Los dos quedan emplazados a no abandonar el esfuerzo de practicar el pensamiento planetario en un tramo del camino, por muy corto que sea todavía. No se necesitan aquí ningún don o ademán proféticos para pensar que al construir planetario se le presentan encuentros, a cuya altura no están hoy en ninguna parte los que salen al encuentro. Esto vale en igual medida para el lenguaje europeo y el asiático oriental, vale ante todo para el ámbito de su posible diálogo. Ninguno de los dos puede por sí abrir o fundar ese ámbito.

Nietzsche, en cuya luz y sombras todo contemporáneo con su «con él» o «contra él» piensa y crea, oyó un mandato que exige una preparación del hombre para la aceptación de un dominio de la tierra. Él vio y entendió la lucha encendida por el dominio (XIV, pág. 320, XVI, pág. 337, XII, pág. 208). No es ninguna guerra sino el Πόλεμος, que a dioses y hombres, libres y esclavos permite aparecer en su correspondiente esencia, y que lleva a una des-com-posición del S̶e̶r̶. Comparada con ella las guerras mundiales resultan superficiales.

425 // Cada vez son más capaces de decidir menos, por más técnicamente que se armen.

Nietzsche oyó aquel mandato de meditar sobre la esencia de un dominio planetario. Siguió la llamada en camino del pensar metafísico a él confiado y sucumbió en el camino. Así aparece al menos a la consideración histórica. Pero tal vez no sucumbió sino que llegó tan lejos como pudo su pensar.

El que dejara atrás cosas graves y difíciles debería recordarnos de modo más riguroso y más diferente aún que antes de qué remoto origen provino la pregunta despertada en él sobre la esencia del nihilismo. La pregunta no se ha vuelto más fácil para nosotros. Por eso tiene que limitarse a algo más previo: a reflexionar sobre las viejas y venerables palabras cuyo decir nos indica el ámbito esencial del nihilismo y de su torsión. ¿Hay una salvación más esforzada de lo destinado a nosotros y transmitido en el destino como tal rememoración? No sabría ninguna. Pero aparece como revolucionario para quienes lo tradicional no tiene origen. Toman ya como absolutamente válido lo que simplemente aparece. Exigen que aparezca en los sistemas hechos a lo grande. Allí donde, por el contrario, la reflexión se dedica únicamente a llamar la atención sobre el uso lingüístico del pensar, no reporta ninguna utilidad. Pero a veces sirve a lo que necesita lo por-pensar.

Lo que la carta intenta exponer, puede con demasiada rapidez probarse como insuficiente.

Cómo, sin embargo, quisiera ella cuidar meditación y exposición, eso lo dice Goethe en una frase que podría cerrar esta carta:

«Si alguien considera palabra y expresión como testimonios sagrados y no quiere ponerlos en circulación demasiado rápida e instantánea, como si fueran calderilla o papel moneda, sino que quiere saberlos intercambiados en el comercio y tráfico espirituales como verdaderos equivalentes, entonces no se le puede tomar a mal que llame la atención sobre cómo expresiones tradicionales, que // no plantean problema a nadie, ejercen sin embargo un influjo pernicioso, agostan ideas, desfiguran el concepto y dan a especialidades enteras una falsa dirección».

Le saludo cordialmente.